Beate Ralston
Achim Meyer-Breckwoldt

Zwergkaninchen

Natur Buch
VERLAG

INHALT

DAS ZWERGKANINCHEN KENNENLERNEN

Schon die Römer hielten halbwilde Kaninchen in sogenann-
ten „Leporarien". Die heutigen Zwergformen entstanden Ende
des 19. Jahrhunderts und begeistern seither nicht nur Kinder
mit ihrer kuscheligen Art.

Ursprung und Herkunft

Das Kaninchen (*Oryctolagus cuniculus*) gehört genau wie
der Feldhase (*Lepus europaeus*) zu den „Hasenartigen"
und nicht zu den Nagetieren, wie oft fälschlicherweise
angenommen wird. Im Gegensatz zu den Nagetieren
können beide ihre Vorderfüße nicht als Greifwerkzeuge
benutzen und bewegen beim Kauen die Kiefer
seitlich und nicht nur vor und
zurück. Die Hasenartigen besitzen
hinter den oberen Schneidezähnen
noch kleine Stiftzähne, auch diese
kommen bei den Nagetieren nicht
vor.

*In eine solche Familie muß
man sich einfach verlieben!*

Das Wildkaninchen selbst ist seit etwa
3000 Jahren bekannt. Es erfreute sich
rasch einer großen Beliebtheit, und
man begann schon früh, es zu fangen und in anderen Ländern wieder auszusetzen, wo es sich schnell
verbreitete. Vielerorts begann
man, mit gefangenen Wild-
kaninchen zu züchten,
so daß sich im Laufe
der Zeit aus dem Wild-
kaninchen das Haus-
kaninchen entwickelte.

Junge Wildkaninchen – ursprünglich stammen die Vorfahren unserer Kaninchen von der Iberischen Halbinsel.

Wildkaninchen und Feldhase gehören zwar beide nach ihrer zoologischen Einteilung zu den Hasenartigen, haben aber sonst gar nicht so viel gemeinsam. Obwohl Hase und Kaninchen von vielen immer wieder verwechselt werden, handelt es sich bei den beiden um recht unterschiedliche Tiere. So ist der Hase zum einem sehr viel größer als das Wildkaninchen, er erreicht Körpergewichte bis zu sechs Kilogramm, während das Wildkaninchen maximal ein Gewicht bis zu zwei Kilogramm erreichen kann.

Der Feldhase lebt nur oberirdisch und ist ein Nestflüchter, seine Jungen werden somit voll entwickelt und mit Fell geboren. Das Kaninchen dagegen ist ein Nesthocker, die Jungen werden völlig hilflos, nackt, blind und taub unter der Erde in einem Bau geboren.

Während der Hase als Lebensraum am liebsten große weite Felder und Wiesen bevorzugt, leben Kaninchen sehr standorttreu vor allem auf sandigen Böden, da sie dort am leichtesten ihre verzweigten Baue anlegen können. Kaninchen vermehren sich auch sehr viel schneller

„Auch wenn Ihr uns ‚Zwerghasen' nennt – wir sind Kaninchen, keine Hasen. Während die Hasen auf freiem Feld leben und ausdauernde Langstreckenläufer sind, wohnen wir zu mehreren in unterirdischen Höhlen."

als Hasen, denn während beim Hasen die Tragzeit ca. 42 Tage andauert und meist zwei bis drei
Würfe im Jahr mit jeweils zwei bis vier Jungen
gemacht werden, dauert die Tragzeit beim Kaninchen nur ca. 30 Tage, und es werden bis zu fünf
Würfe im Jahr mit jeweils vier bis sechs Jungen
gemacht.

Auch im Fell unterscheiden sich Feldhase
und Wildkaninchen deutlich, während der
Feldhase eher eine rötlich-braune Fellfarbe
aufweist, haben Wildkaninchen eher eine
graue Farbe.

Deutscher Riese.

Wenn man das ursprüngliche Wildkaninchen mit den
zahlreichen Rassen der heutigen Hauskaninchen vergleicht, so ist es schon erstaunlich, wie viele Variationen
in Größe, Fellfarbe und Fellart aus dem Wildkaninchen
durch Züchtung entstanden sind.

Kleine Rassenkunde

Kaninchen weisen eine enorme Rassenvielfalt auf. Mittlerweile gibt es über 150 anerkannte Kaninchenrassen. Diese unterscheiden sich vor allem in der
Farbe, im Haarkleid, an Körperform und
-bau, an der Art und Länge der Ohren und
natürlich an Größe und Gewicht.

Wie unterschiedlich die einzelnen Rassen
ausfallen, wird deutlich, wenn man das
Hermelinkaninchen mit einem Gewicht von etwa
1 kg als kleinste vorkommende Kaninchenrasse mit
einem deutschen Riesenkaninchen vergleicht, das ein
Gewicht von über 7 kg und eine Körperlänge von etwa
70 cm erreicht.

Widderkaninchen.

Grundsätzlich gibt es keine Rasse, die ungeeignet ist,
um als Hauskaninchen gehalten zu werden. Da jedoch
mit zunehmender Größe des Kaninchens auch ein ent-

sprechend größerer Platzbedarf verbunden ist, empfiehlt es sich, sich eher für eine kleinere Rasse zu
entscheiden. Am weitesten verbreitet sind die
Zwergkaninchen. Sie erfreuen sich vor allem
durch ihr Aussehen mit einem rundlichen
Kopf, großen Augen und verhältnismäßig
kurzen Ohren großer Beliebtheit. Sie kommen in fast allen Farbvariationen vor und
gehören eher zu den kleineren Kaninchenrassen. Ihr Gewicht liegt zwischen 1000 und
1500 g.

Unter den Rassekaninchen erfreuen
sich die Widder in letzter Zeit auch
einer immer größeren Verbreitung. Sie
sind vor allem durch ihre langen herunterhängenden
Ohren charakterisiert und weisen im Vergleich zum
Zwergkaninchen einen kompakteren Körperbau und
eine ruhigere Art auf.

*Zwergkaninchen,
birkenstammfarben.*

Für die Haltung als Hauskaninchen ist aufgrund seiner
Körpergröße vor allem der Zwerg-Widder geeignet,
denn er erreicht nur ein Gewicht von 1,5–2 kg. Andere
Widderrassen wie zum Beispiel das Widderkaninchen
können dagegen Körpergewichte von über 5 kg erreichen. Neben zahlreichen weiteren Rassen gibt es auch
häufig Mischlinge. Meist handelt es sich bei ihnen um
Zwergkaninchen, die mit anderen Kaninchenrassen
gekreuzt wurden.

Löwenschopfkaninchen.

Langhaarkaninchen.

WICHTIGE FRAGEN VORAB

Die Anschaffung eines Tieres bedeutet immer eine große Verantwortung. Bevor Sie sich einen Zwerg ins Haus holen, sollten Sie sich daher Gedanken machen, ob Sie mit einem Zwergkaninchen – und ob ein Zwergkaninchen mit Ihnen – glücklich wären.

Paßt das Zwergkaninchen zu mir?

Besteht eine Allergie auf Tierhaare?

Tiere sollten besser nicht unter dem Weihnachtsbaum liegen. Ein Buch und ein Gutschein sind als Geschenk besser geeignet, zumal Kinder sich freuen, wenn sie ihren kleinen Freund selbst mitaussuchen dürfen.

In der heutigen Zeit leiden immer mehr Menschen an den unterschiedlichsten Allergiearten. Eine dieser möglichen Formen ist eine Allergie auf Tierhaare. Um zu verhindern, daß später größere Probleme auftreten, empfiehlt es sich deshalb vor der Anschaffung eines Kaninchens zu testen, ob eines der Familienmitglieder an einer solchen Tierhaarallergie leidet.

Um dies festzustellen müssen Sie nicht gleich einen Arzt aufsuchen, sondern können sich einige Kaninchenhaare mit einem Pflaster direkt auf die Haut kleben. Dieses sollte dann zwei bis drei Tage belassen werden. Für den Fall, daß nach dem

Aufkleben des Pflasters Hautausschläge, gerötete Augen oder Juckreiz auftreten sollten, empfiehlt es sich, einen Arzt aufzusuchen und einen Allergietest durchführen zu lassen.

Das „ideale" Kindertier?

Bei vielen Kindern taucht früher oder später der Wunsch nach einem eigenen Kaninchen auf. Mit ihrer kuscheligen und flauschigen Art gelingt es Kaninchen meist in kürzester Zeit, jedes Kinderherz zu erobern. Dennoch gibt es einige Aspekte, die Sie auf jeden Fall beachten sollten, wenn sich Ihre Kinder ein Kaninchen wünschen.

Es beginnt damit, daß die normale Lebenserwartung eines Kaninchens in der Regel bei acht bis zehn Jahren liegt. Mit der Anschaffung eines Tieres legt man sich also über einen relativ langen Zeitraum fest, denn Kaninchen brauchen eine intensive Pflege und Zuwendung. Aus diesem Grund ist es sehr wichtig, daß auch die anderen Familienmitglieder Interesse an einem Tier haben und ebenfalls bereit sind, das Tier mit zu versorgen. Kinder sind zwar in der Regel sehr begeisterungsfähig und zeigen anfänglich auch meist ein großes Engagement, was die Betreuung des Tieres betrifft, doch häufig verlieren sie im Laufe der Zeit dann doch mehr und mehr das Interesse an ihrem Kaninchen. Deshalb ist es sehr wichtig, daß auch die anderen Familienmitglieder das Tier von Anfang an mitbetreuen.

Vor der Anschaffung eines Kaninchens sollten Eltern sich viel Zeit nehmen und ihren Kindern erklären, mit welchen Verpflichtungen die Anschaffung eines Tieres verbunden ist. Auch wie man mit einem Tier umgehen sollte und welche regelmäßigen Pflegemaßnahmen durchgeführt werden müssen, sollten Eltern ihren Kindern ausführlich erklären (siehe Seiten 23 und 40). Vor allem müssen Kinder verstehen, daß Kaninchen eigenständige Lebewesen sind, für die sie dann mit die Verantwortung tragen. Kaninchen haben als selbständige Lebewesen auch bestimmte Bedürfnisse, auf die man

Bei täglichem Auslauf und ausreichend Beschäftigung kann ein Zwergkaninchen sich ideal entfalten.

Tip!

Zwergkaninchen erkennen:
- *Gedrungener Körperbau*
- *Großer Kopf*
- *Große Augen*
- *Kurze Ohren*

*Ein eigenes Zwergkaninchen ist
der Wunsch vieler Kinder.*

*„Wenn
Du ein Kaninchen
aussuchst, paß bitte
auf, daß es nicht zu jung
ist! Früher als mit acht
Wochen sollten unsere
Kleinen nämlich nicht
von ihrer Mutter
weg."*

dann entsprechend Rücksicht nehmen sollte. Es beginnt
damit, daß Kaninchen sich nur in einem sauberen
Käfig richtig wohl fühlen. Weiter müssen sie regelmäßig
gefüttert und mit frischem Wasser versorgt werden.

Auch wenn das Kaninchen für Kinder oft als Spielkame-
rad angesehen wird, muß man Kindern erklären, daß
sie sich nach den Bedürfnissen des Kaninchens richten
sollten, denn wenn das Kaninchen zum Beispiel gerade
schläft, möchte es nicht auf den Arm genommen und
gestreichelt werden. Wichtig ist es auch, Kindern zu
erklären, daß diese Tiere ein sehr gutes Gehör haben
und deshalb auch entsprechend geräuschempfindlich
sind. Dies sollte beim Hören von Musik oder bei lautem
Spielen berücksichtigt werden (siehe Seite 56).

Kinder müssen lernen, ihr Kaninchen zu verstehen und
entsprechend auf es einzugehen. In diesem Punkt sind
sicherlich die Eltern gefordert, denn sie müssen auf der
einen Seite versuchen, ihren Kindern ein entsprechendes
Wissen zu vermitteln, und auf der anderen Seite sollten
sie aber trotzdem regelmäßig kontrollieren, ob das
Kaninchen richtig gepflegt und versorgt wird. Denn
Kinder sind meist erst ab einem Alter von 10–12 Jahren
in der Lage, ein Kaninchen selbständig zu versorgen.

Zusammenleben mit anderen Tieren?

Diese Frage kann sicher nicht pauschal beantwortet werden, da jedes Tier in seinem Verhalten sehr unterschiedlich ist. Grundsätzlich ist die Freundschaft zwischen Kaninchen und anderen Tierarten möglich und wird sogar recht häufig beobachtet. Vor allem junge Tiere sind anderen Tieren gegenüber sehr viel aufgeschlossener, da sie sich noch in einer Lern- und Prägungsphase befinden. Wichtig ist vor allem, daß man Tiere, die sich nicht kennen, immer Schritt für Schritt aneinander gewöhnt. Hierfür ist vor allem am Anfang ein gewisser Sicherheitsabstand nötig, denn so lernen die Tiere langsam, daß von dem anderen keine Gefahr für sie ausgeht.

Gerade Kaninchen und *Meerschweinchen* vertragen sich in der Regel problemlos und können sogar bei entsprechender Käfiggröße in einem Käfig zusammen gehalten werden.

Etwas schwieriger ist sicherlich das gemeinsame Halten von Kaninchen mit einem *Hund oder* einer *Katze*. Kaninchen gehören in der Natur zu den Beutetieren von Hund und Katze, deshalb sollte man sie zumindest am Anfang nur unter Aufsicht zusammen lassen. Wichtig hierbei ist vor allem, dem Hund oder der Katze von

Ohne Aufsicht dürfen Sie Hund und Zwerg nicht lassen, auch wenn sie gute Freunde sind.

Ein klassisches Paar.

Gesundheits-checkliste

Verhalten	aufmerksam
Augen	klar, glänzend, ohne Ausfluß
Ohren	sauber
Nase	sauber, kein Schnupfen
Zähne	richtige Stellung (siehe Seite 42)
Fell	sauber, dicht (kahle Stellen hinter den Ohren sind normal)
Bauch	weich, nicht aufgetrieben
Afterregion	sauber, kein Durchfall
Beine	keine Lahmheit
Krallen	nicht zu lang

Anfang an zu verdeutlichen, daß sie dem Kaninchen nichts tun dürfen. Dies erreicht man vor allem dadurch, daß man auf der einen Seite Hund oder Katze durch ein deutliches „Nein" davon abhält, das Kaninchen zu jagen oder sonstwie zu erschrecken. Auf der anderen Seite soll man gerade in der Gegenwart des Kaninchens den Hund oder die Katze viel streicheln und loben, damit sie keinen Grund zur Eifersucht haben.

Vögel, die laut rufen oder kreischen, sollten nicht mit Kaninchen in einem Raum gehalten werden, denn Kaninchen haben ein sehr empfindliches Gehör, und somit können laute Vögel für Kaninchen einen ständigen Streßfaktor darstellen.

Zeitbedarf

Kaninchen sind Tiere, die ein hohes Maß an Pflege und Zuwendung benötigen. Deshalb muß man sich vor der Anschaffung von einem oder mehreren Kaninchen darüber im klaren sein, ob man in der Lage ist, für sein Kaninchen regelmäßig die entsprechende Zeit aufzubringen.

Klare Augen, ein dichtes, glänzendes Fell – Zeichen für ein gesundes Kaninchen.

Was häufig nicht berücksichtigt wird, ist die Tatsache, daß das Kaninchen auch am Wochenende und im Urlaub regelmäßig betreut werden muß (siehe Seite 16). Wenn man berücksichtigt, daß der Käfig regelmäßig gesäubert werden muß, Futter und Trinkwasser täglich gewechselt und kontrolliert werden sollen, täglich frisches Grünfutter zur Verfügung stehen

soll, ist sicherlich nachzuvollziehen, wie zeitaufwendig die Pflege eines Kaninchens sein kann. Neben diesen Pflegemaßnahmen sollte man sich täglich zumindest eine Stunde mit seinem Kaninchen intensiv beschäftigen. Nur wer bereit ist, diese Zeit täglich für sein Kaninchen zu investieren, sollte ein Kaninchen halten. Deshalb ist es vor der Anschaffung eines Kaninchens sehr wichtig abzuklären, ob man wirklich in der Lage ist, sich ausreichend um sein Tier zu kümmern.

Kostenaufwand

Natürlich ist die Haltung eines Kaninchens auch mit Kosten verbunden. Neben dem Kaufpreis des Kaninchens muß vor allem die Anschaffung eines Käfigs mit der dazugehörigen Ausstattung berücksichtigt werden. Zu diesen meist einmaligen Kosten kommen weiter laufende Kosten für Einstreu, Futter und eventuelle Urlaubspflege. Auch anfallende Tierarztkosten für Impfungen und die Behandlung von möglicherweise auftretenden Krankheiten und Verletzungen müssen mit berücksichtigt werden. Befragen Sie doch am besten andere Halter von Zwergkaninchen oder lassen Sie sich in einer Zoofachhandlung über die eventuellen Kosten beraten.

Wie groß diese putzigen Fellknäuel schließlich werden, kommt auf die Rasse an. Echte Farbenzwerge z.B. halten, was sie versprechen. Sozusagen „falsche" Zwergkaninchen, meist Mischlinge verschiedener Rassen, können allerdings schon einmal über die vorgestellte Größe hinauswachsen, was sie aber nicht weniger liebenswert macht!

Wieviele Zwerge?

- Zwei junge Weibchen: eine gute Kombination; ältere Weibchen können sich aufgrund ihres starken Revierbewußtseins bekämpfen.
- Zwei Männchen: ungünstig; junge, vor der Geschlechtsreife kastrierte Männchen vertragen sich ausnahmsweise.
- Pärchen: gute Kombination; Rammler kastrieren lassen!

In Gesellschaft fühlen sich Zwergkaninchen wohl.

Welcher Zwerg soll es sein?

Ein oder mehrere Zwergkaninchen?

Ob man sich ein oder mehrere Kaninchen anschafft, hängt von mehreren Punkten ab. Das europäische Wildkaninchen, von dem unser Hauskaninchen abstammt, lebt in Kolonien mit seinen Artgenossen zusammen. Diese Tatsache zeigt, daß es auch möglich ist, mehrere Hauskaninchen zusammen zu halten. Hierfür ist aber auch ein entsprechend größerer Käfig nötig. Weiter ist zu bedenken, daß bei der Haltung von mehreren Kaninchen auch entsprechend mehr Zeit für die Pflege investiert werden muß. Auch die Tatsache, daß sich nicht alle Kaninchen automatisch miteinander vertragen, muß berücksichtigt werden. Deshalb empfiehlt es sich, die Tiere immer erst langsam aneinander zu gewöhnen, bevor man sie zusammen setzt. Je jünger die Tiere dabei sind, um so leichter gelingt dies in der Regel. Vor allem Wurfgeschwister vertragen sich meist besser. Wichtig ist auch die Tatsache, daß Kaninchen bereits nach 3–4 Monaten geschlechtsreif werden. Deshalb sollte man sich rechtzeitig überlegen, ob man einmal Nachwuchs haben möchte. Falls dies nicht der Fall sein sollte, empfiehlt sich die Kastration des männlichen Tieres.

Männchen oder Weibchen?

Wenn Sie sich nur ein Kaninchen zulegen möchten, überwiegen sicherlich bei einem weiblichen Tier die Vorteile. Denn diese sind in der Regel anhänglicher als die männlichen Kaninchen. Nach erreichen der Geschlechtsreife neigen männliche Kaninchen dazu, ihr Revier durch Verspritzen von Urin zu markieren und es auch zu verteidigen. Diese etwas unangenehme Angewohnheit läßt sich aber durch eine Kastration beseitigen. Der aufgestaute Sexualtrieb, der bei männlichen Kaninchen manchmal zu aggressivem Verhalten führen kann, wird ebenfalls durch eine Kastration beseitigt.

Woher kann ich ein Zwergkaninchen bekommen?

Diese Frage hängt sicher vor allem davon ab, was für ein Kaninchen man sich zulegen möchte. Wer ein echtes Rassekaninchen haben will, ist sicherlich nicht gut beraten, wenn er dieses auf einem Tiermarkt kauft. Selbst in Zoofachgeschäften bekommt man nicht immer reinrassige Tiere, häufig werden hier auch Kreuzungen zwischen Zwergkaninchen mit anderen Rassen verkauft. Wer also Wert auf eine bestimmte Rasse legt, sollte sich mit einem Kaninchenzuchtverband in Verbindung setzen (siehe Adressen Seite 61).

Viele Zoohandlungen sind jedoch auch in der Lage, bestimmte Rassen zu besorgen. Wenn die Rasse nicht so entscheidend ist, gibt es sicherlich viele Möglichkeiten, um ein Kaninchen zu erwerben. Neben einem Besuch in Zoofachgeschäften lohnt es sich häufig auch, das eine oder andere Tierheim aufzusuchen, denn auch hier werden oft Kaninchen abgegeben, die sich über ein neues Zuhause sehr freuen. Achten Sie bereits beim Aussuchen darauf, daß das Zwergkaninchen gesund ist (siehe Seite 12). Auf alle Fälle ist es sinnvoll, das Tier nach der Eingewöhnung bei einem Tierarzt vorzustellen, damit dieser das Kaninchen untersucht.

Nicht ganz einfach für Ungeübte ist die Geschlechtsbestimmung: Dazu nehmen Sie das Zwergkaninchen und legen es mit dem Bauch nach oben auf Ihren Schoß (gut halten). Mit der anderen Hand vorsichtig die Haare am Geschlechtsbereich zur Seite schieben.

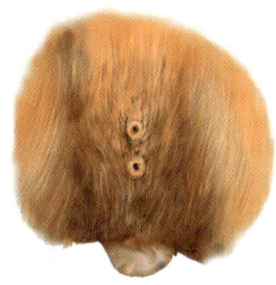

Beim Männchen (oben) sehen Sie eine punktförmige Öffnung mit deutlichem Abstand zum After, beim Weibchen (unten) eine schlitzförmige Öffnung auf den After zu. Bei ausgewachsenen Rammlern sind außerdem die unbehaarten Hoden meist gut zu erkennen.

Checkliste
für den Urlaub

- Tiersitter mit dem Zwergkaninchen vertraut machen,
  bestimmte Griffe wie Hoch-
  nehmen, Tragen usw. zeigen
  (siehe Seite 16/17).
- Kurz vor dem Urlaub Käfig
  gründlich reinigen.
- Für genügend Einstreu, Heu,
  Fertigfutter, Zweige sorgen,
  evtl. Geld für Frischfutter
  dazulegen.
- Checkheft erstellen mit:
  Futterplan (siehe Seite 39),
  Versorgungsplan (siehe
  Seite 23), besonderen Hinweisen (z.B. Auslauf), Urlaubs-
  und Tierarztadresse.

*So nehmen Sie Ihr Zwergkaninchen
hoch.*

Wohin im Urlaub?

Leider kann man immer wieder beobachten, daß sich
Tierbesitzer über dieses Problem erst viel zu spät Gedanken machen. Grundsätzlich gilt, daß man sein Kaninchen nicht länger als ein bis zwei Tage allein zu Hause
lassen sollte. Für diese Zeit muß dem Tier eine ausrei-
chende Menge an Trinkwasser und frischem Futter zur
Verfügung stehen. Wer jedoch länger verreisen möchte,
sollte sich rechtzeitig im Bekanntenkreis erkundigen,
ob jemand in der Lage ist, das Kaninchen in der ent-
sprechenden Zeit zu versorgen. Da bei Kaninchen eine
vertraute Umgebung eine große Rolle spielt und jeder
Ortswechsel des Käfigs mit einem gewissen Streß verbunden wäre, ist es für das Tier immer besser, wenn die
entsprechende Pflegeperson es in der Urlaubszeit zu
Hause versorgen kann. Wenn die Person nicht mit der
Pflege und Betreuung von Kaninchen vertraut sein
sollte, ist es um so wichtiger, daß man das Kaninchen
für einen gewissen Zeitraum zusammen betreut. Denn
so haben beide Seiten die Möglichkeit, sich ausreichend
aneinander zu gewöhnen.

Hochnehmen und Tragen

Die richtige Handhabung spielt gerade beim Kaninchen
eine sehr große Rolle. Wenn ein Kaninchen beim Halten und Tragen nicht richtig fixiert wird, kann es, wenn
das Tier Abwehrbewegungen macht, sehr schnell zu
Verletzungen kommen. Diese reichen dann von kleineren Verletzungen oft bis zu Knochenbrüchen oder aus-
gerenkten Gelenken hin. Um das Tier beim Hochheben
nicht in Angst zu versetzen, sollte man dem Kaninchen
immer erst die Hand kurz hinhalten, damit es daran
schnuppern kann und es sich nicht erschrickt, bevor
man es hochhebt. Beim Hochheben greift die eine
Hand hinter den Ohren im Schulterbereich das Nacken-
fell und hebt das Kaninchen an, während die andere
Hand eine Art Schale für das Hinterteil bildet, mit der
man das Kaninchen von unten abstützt. Durch Anwin-
keln des Unterarmes kann man dann das Kaninchen

Der richtige Umgang will gelernt sein.

gefahrlos abstützen und bei vorsichtigem Druck gegen den eigenen Oberkörper auch beim Gehen gut fixieren. Sollte sich das Kaninchen aus irgendeinem Grund erschrecken und versuchen, Abwehrbewegungen zu machen, so kann die eine Hand, die ja ständig im Bereich des Nackens liegt, sofort wieder etwas stärker zugreifen, während man das Kaninchen mit der anderen Hand, die ja das Hinterteil stützt, etwas stärker gegen den eigenen Oberkörper drückt. Bei diesem Griff beruhigt sich das Tier meist sofort wieder. Zusätzlich sollte man das Tier noch beruhigen, indem man leise mit ihm spricht.

Transport

Nach dem Kauf eines Kaninchens gilt es als erstes, dieses sicher und behütet nach Hause zu transportieren. Hierfür kann man in jedem Zoofachgeschäft geeignete Transportkartons erwerben. Wichtig ist vor allem, daß die Transportbox stark abgedunkelt ist, denn dadurch wird verhindert, daß das Tier unnötig in Panik gerät. Es sollte auch darauf geachtet werden, daß das Tier nur auf dem direkten Wege nach Hause transportiert wird, um die Transportzeit so gering wie möglich zu halten. Vor allem im Sommer muß darauf geachtet werden, daß das Tier ausreichend mit Frischluft während des Transportes versorgt wird, damit es nicht zu einem Wärmestau kommt. Man sollte sich vor Beginn eines Transportes immer davon überzeugen, daß der Verschluß der Transportbox wirklich sicher ist, damit später keine unerwünschten Probleme auftreten.

Vorwitzig schaut der Zwerg aus seinem sicheren Transportkorb.

HALTUNG UND PFLEGE

HALTUNG UND PFLEGE

Zwergkaninchen gelten als unkomplizierte Heimtiere.
Die richtige, artgerechte Haltung, ausgewogenes Futter und
liebevolle, regelmäßige Pflege sind aber auch für sie Grund-
voraussetzungen für ein glückliches, langes Leben.

Richtige Haltung

Ein großer Käfig, das richtige Zubehör und regelmäßi-
ger Auslauf machen ein Kaninchenleben auch in der
Wohnung lebenswert.

Die Zeit der Eingewöhnung

Wenn Sie mit ihrem Kaninchen nach Hause kommen,
ist es wichtig, daß der Käfig bereits fertig eingerichtet ist
und an seiner endgültigen Stelle steht. Auch wenn gerade am Anfang die Neugierde aller Familienmitglieder
auf das neue Kaninchen sehr groß ist, sollten Sie das
Kaninchen die ersten 2–3 Stunden alleine lassen. Denn
zum einen benötigt es Zeit, damit es sich
von dem Transport-
streß erholen kann,
und zum anderen
möchte das Kanin-
chen dann seine
neue Umge-
bung erst
einmal
in Ruhe
erkunden.

Auch beim Fressen wird die Umgebung aufmerksam beobachtet.

Erst wenn er schon ein wenig an Ihre Stimme und Ihren Geruch gewöhnt ist, sollten Sie Ihren Zwerg auf den Schoß nehmen.

Schon bald werden Sie beobachten können, daß das Kaninchen beginnt, sich zu putzen und es sich auch für seine neue Umgebung immer mehr zu interessieren beginnt. In dieser Anfangszeit sollten Sie das Kaninchen nicht gleich aus dem Käfig heraus auf den Arm nehmen.

Es ist wichtig, dem Tier ausreichend Zeit zu geben, damit es zu Ihnen Vertrauen aufbauen kann (siehe Seite 50). Streicheln Sie das Kaninchen die ersten Tage nur im Käfig, und vermeiden Sie auch schnelle Bewegungen, damit sich das Tier nicht unnötig erschreckt. Sie werden sehen, wie schnell Ihr Kaninchen dann Schritt für Schritt immer zutraulicher wird.

Welcher Käfig?

Kaninchen sind sehr bewegungsfreudige Tiere, die auch in ihrem Käfig gerne ein wenig herumhoppeln. Außerdem braucht Ihr Zwerg einen Ruheplatz, an dem er sich ausstrecken kann, Platz für Futter und eine Toilettenecke. Denken Sie daran, daß, wenn Sie ein junges Kaninchen erwerben, dieses noch an Größe zunimmt, nehmen Sie also lieber einen zu großen als einen zu kleinen Käfig. Die Mindestfläche für ein Zwergkaninchen sind 90×60 bzw. 100×50 cm, die Höhe sollte 45 cm nicht unterschreiten, da die neugierigen Tiere sich gerne einmal am Gitter aufrichten, um zu sehen, was „draußen" vor sich geht.

Tip!

Wenn Sie Ihren neuen Hausgenossen heimbringen, nehmen Sie doch etwas von seinem gewohnten Futter mit bzw. lassen Sie sich sagen, was bisher gefüttert wurde. Stellen Sie dann langsam auf das Futter um, das Sie von nun an geben.

Gitterkäfig oder Vollkunststoff?

Geschlossene Käfige aus Vollkunststoff sind vielleicht
für den Menschen angenehm, der die herumfliegende
Streu aufkehren muß, für das Tier haben sie allerdings
fast nur Nachteile: Besonders im Sommer mangelnder
Luftaustausch (Hitzestau), Staunässe, verminderte
Kontaktmöglichkeit des Tieres zu seiner Umgebung.

Gitterkäfige sind dem allemal vorzuziehen. Die Boden-
wanne sollte mindestens 15 cm hoch sein, damit beim
Herumtoben nicht zuviel Streu nach außen fliegt. Das
Gitter selbst sollte verzinkt oder verchromt sein, da
Beschichtungen manchmal angenagt werden. Oben zu
öffnende Gitter haben den Vorteil, daß Sie besser in den
Käfig hineingreifen und darin hantieren können. Das
wiederum ist für Ihr Kaninchen, solange es noch nicht
an die Hand gewöhnt ist, gleichbedeutend mit einem
„Raubvogelangriff". Wenn eine seitliche Tür vorhanden
ist, kann Ihr Zwerg beim Freilauf selbst den Käfig verlassen und aufsuchen.

Käfig im Eigenbau

Für Bastler ist die Möglichkeit des Eigenbaus sicher
nicht zu vernachlässigen. Als Material eignen sich mit
unschädlichen Mitteln imprägnierte Holzbretter oder
kunststoffbeschichtete Spanplatten. Für den Boden
kann Schiffsbausperrholz oder eine Holzplatte, auf
die eine Metall- oder Kunststoffwanne gestellt wird,
verwendet werden. Als Gitter
festen Maschendraht mit
einer Maschenweite
von höchstens
20 mm

*Zum Spielen und Knabbern
gleichermaßen beliebt.*

Eine „Höhle" muß immer als Versteck erreichbar sein.

verwenden und vorteilhafterweise innen befestigen – auf diese Weise sind die Holzkanten der Seitenrahmen den Nagezähnen Ihres Kaninchens nicht zugänglich. Beim Auslauf allerdings müssen Sie damit rechnen, daß ein Holzkäfig einige Nagespuren abbekommt. Selbst dann würde es allerdings im Normalfall einige Jahre dauern, bis Ihr Kaninchen den Käfigrahmen durchgebissen hätte!

Grundbauplan: Vier mit Draht bespannte Rahmen, zusammengefügt und auf der Bodenplatte befestigt. Fugen mit Silikon abdichten. Als Käfigdach einen fünften Rahmen mit Maschendraht bespannen und mit Scharnieren befestigen, so daß Sie das Dach von oben öffnen können. In eines der Seitenteile eventuell eine Tür einbauen. Als „Ausbau" kann z.B. eine zweite Ebene angebracht werden, die Kaninchen gerne als Ausguck benützen. Denken Sie daran, daß der Käfig sowohl Ihrem Tier (Größe!) als auch Ihnen (Reinigung) gerecht werden muß.

Die „Einrichtung"
Als Höhlenbewohner suchen Wildkaninchen bei Gefahr ihre Erdbauten auf. Dieses Verhalten zeigt auch das Zwergkaninchen, und viele nehmen gerne ein *Häuschen* aus Holz oder Kunststoff an. Statt der im Handel erhältlichen können Sie ein solches ebensogut selbst bauen. Ein flaches Dach ist vorteilhaft, da Ihr Zwerg von dort gerne die Gegend betrachtet.

Tip!

Ein ausgehöhlter Baumstamm wird ebenso als Höhlenersatz angenommen, wie auch das bereits erwähnte Häuschen.

Frisches Wasser ist ein Muß!

Als *Einstreu* würde sich Kleintierstreu eignen, die aber, im Fell hängend, beim Auslauf in der ganzen Wohnung verteilt wird. Katzenstreu ist, obwohl für das Kaninchenklo empfehlenswert, als Unterlage ungeeignet. Torfmull sollte nicht verwendet werden, da diese Einstreu oft staubt oder gar pilzhaltig ist. Für Ihr Kaninchen angenehm ist Stroh, an dem es zusätzlich knabbern kann. Strohpellets, die zerbröseln und dann zu einer Matratze zertreten werden, eignen sich ebensogut.

Kaninchen sind Katzen in bezug auf Reinlichkeit mindestens ebenbürtig und werden meist sehr gut stubenrein (siehe Seite 25). In ihrem Käfig legen sie Kloecken an, was Ihnen die Arbeit erleichtert, wenn Sie eine *Toilettenschale* mit in den Käfig stellen. Wenn der Käfig nicht groß genug für eine Toilettenkiste ist, ist er wahrscheinlich nicht groß genug für Ihr Kaninchen! Gut beraten sind Sie mit einer kleinen Kunststoffschale (kleineres Katzenklo), die Sie mit Katzenstreu aus Ton füllen. Zum Eingewöhnen beobachten Sie zunächst, welche Ecke Ihr Kaninchen für sein Geschäft benützt und stellen dann die Schale auf diese Stelle. Die meisten Kaninchen merken schnell, wofür das Ganze gedacht ist.

Futterzubehör

Eine schalenförmige *Heuraufe*, die von außen befestigt wird, oder eine Heuraufe mit Deckel (der als Sitzplatz verwendet werden kann) verhindert, daß das Heu als Schlafmatratze benutzt wird. Für Fertigfutter ist ein schwerer *Napf* nötig, z.B. aus Porzellan oder Steingut, den Ihr Zwerg nicht umkippt, wenn er sich mit den Vorderpfoten darauf stützt. Für das Trinkwasser bringen Sie, am besten außen am Käfig, eine *Kaninchentränke* an, in der das Wasser nicht verschmutzt wird.

Abwechslung

Sie können Ihrem Kaninchen auch im Käfig Abwechslung bieten, wenn Sie einen Ast, eine Wurzel etc. mit hineinlegen, lassen Sie aber immer genügend Platz zum Hoppeln. Zum Abnützen der Krallen dient ein flacher

Gefahren in der Wohnung

Kabel (auch Telefonkabel)
Höher legen, verstecken oder mit festen Plastikröhren umhüllen; Elektrogeräte für Kaninchen unzugänglich stellen

Giftpflanzen
Außer Reichweite stellen; verlassen Sie sich nicht auf den Instinkt von Kaninchen, der im Lauf der Zeit leider nachgelassen hat

Blumenvasen, Gießwasser, Putzwasser
Außer Reichweite stellen

Verletzungen durch Türen, Tritt
Türen vorsichtig öffnen und schließen, geöffnete Türen sichern; Achtung beim Laufen (Kaninchen rennen gern zwischen die Beine)

Stein oder eine Platte aus Sand- oder Tuffstein, die
Sie so in den Käfig legen, daß das Kaninchen öfter
darüberlaufen muß.

Wie oft reinigen?

Die sehr reinlichen Kaninchen leben nicht gerne in
einer verschmutzten Umgebung. Eine regelmäßige
Reinigung des Käfigs und Zubehörs ist wichtig zur
Gesundheitsvorsorge, damit Bakterien gar nicht erst
eine Chance zur Vermehrung bekommen.

Die *Toilettenecke* im Wohnungskäfig sollte täglich von
verschmutzter Einstreu befreit und etwa alle 3 Tage neu
eingestreut werden. Wenn Ihr Zwerg sein Geschäft
zuverlässig im Kaninchenklo erledigt, reicht es ansonsten, die *Einstreu* im Käfig ein- bis zweimal pro Woche
zu wechseln und dabei die Unterschale mit heißem
Wasser auszuspülen. Urinstein läßt sich mit Essig bzw.
Zitronensäure gut entfernen.

Futternapf und *Tränke* sollten täglich ausgespült werden.
Reste vom Grün- und Saftfutter nach einigen Stunden
entfernen. Denken Sie auch daran, das *Häuschen* ab
und zu zu reinigen oder auszuwechseln, wenn es sehr
angenagt oder mit Urin befeuchtet ist.

Beim *Gartenstall* (siehe Seite 27) gehen Sie im Prinzip
genauso vor wie beim Wohnungskäfig. Vor allem im
Sommer ist es wichtig, daß verschmutzte Einstreu öfter
(alle 1–2 Tage) ausgewechselt wird. Den *Laufstall* im
Garten versetzen Sie jeweils nach dem Abweiden.

Richtiger Standort in der Wohnung

Schon bevor Sie Ihr Kaninchen nach Hause bringen,
muß der Standort gewählt werden, an dem sein Käfig
stehen soll. Im übrigen schadet es nicht, wenn der Käfig
später umgestellt wird, solange das nicht jeden Tag
geschieht und der Standort die richtigen Voraussetzungen erfüllt. Kaninchen lieben es, am Familienleben teil-
zunehmen, und sollten daher nicht im Keller oder in

*Stroh ist eine angenehme Unter-
lage, an der man sogar knabbern
kann!*

Wichtig!

Kaninchen hören sehr gut –
Lautsprecherboxen und Fernseher
gehören nicht in ihre unmittelbare
Nachbarschaft. Sie haben außerdem einen guten Geruchssinn,
sollten in der Küche daher höchstens beim Auslauf ein kurzes
Gastspiel geben. Und Zigarettenrauch ist ihnen, gelinde gesagt,
unangenehm!

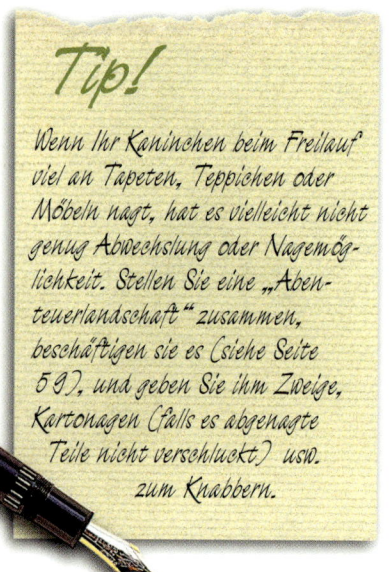

Tip!

Wenn Ihr Kaninchen beim Freilauf viel an Tapeten, Teppichen oder Möbeln nagt, hat es vielleicht nicht genug Abwechslung oder Nagemöglichkeit. Stellen Sie eine „Abenteuerlandschaft" zusammen, beschäftigen sie es (siehe Seite 59), und geben Sie ihm Zweige, Kartonagen (falls es abgenagte Teile nicht verschluckt) usw. zum Knabbern.

Als Versteck werden oft die ausgefallensten Plätze erobert.

einem anderen wenig frequentierten Raum stehen. Wichtig ist ein heller Standort, der aber keine direkte Sonneneinstrahlung an den Käfig läßt, da Kaninchen sehr hitzeempfindlich sind. Er sollte außerdem zugluftfrei und dennoch luftig sein. Gegen Bodenkälte können Sie den Käfig auf ein Stück Teppich stellen. Die ideale Umgebungstemperatur für Ihr Kaninchen liegt bei 18–22 Grad Celsius, also einer Temperatur, die uns ebenfalls angenehm ist. Achten Sie darauf, den Käfig nicht direkt vor die Heizung zu stellen. Die Luftfeuchtigkeit, ideal bei ca. 50–65 %, ist im Winter oft zu gering; dem können Sie abhelfen, indem Sie einen Luftbefeuchter anbringen, was nicht nur für Ihr Tier ein besseres Raumklima schafft.

Auslauf ist wichtig!

So groß der Käfig auch sein mag – der tägliche Freilauf muß sein. Die munteren Hoppler lieben die Bewegung und sind noch dazu mit einer an allem interessierten Neugier ausgestattet. Diese hilft ihnen in der Wildbahn, ihre Umgebung aufs genaueste kennenzulernen, so daß sie bei Gefahr schnell die Flucht ergreifen können. Sobald Ihr Kaninchen an Sie und sein neues Zuhause gewöhnt und einigermaßen handzahm ist, sollten Sie ihm ein bis zwei Stunden Ausgang in der Wohnung gönnen. Dabei können auch ein paar Spielchen eingebaut werden (siehe Seite 59). Wenn Ihr Zwerg zuverlässig stubenrein ist und der ihm zugängliche Teil der Wohnung absolut kaninchensicher gemacht wurde, können Sie ihm sogar die Freiheit eines ständigen Auslaufs gönnen, was die aktiven Tiere sehr begrüßen. Bauen Sie eine Rampe am Käfig, um diesen leichter zugänglich zu machen, und denken Sie daran, daß die Wohnung 100 % sicher sein muß!

Ihr Kaninchen wird keine Ecke auslassen, wenn es einen Raum untersucht, und auf die verrücktesten Ideen kommen, um ein Hindernis zu umgehen. Es genügt nicht, nur Kabel etc. zu verstecken, Sie müssen ihm auch einen Ersatz zum Spielen geben (siehe Seite 58).

Da Ihrem Zwerg beim Auslauf einige Gefahren drohen können (siehe Seite 22), müssen Sie vorher die Wohnung sichern. Kalte Steinböden und Fliesen können Sie mit Reis- oder Strohmatten abdecken (rutschfest). Im übrigen lernen Kaninchen meist schnell, daß auf Stein und Parkett kein Blitzstart möglich ist und richten sich darauf ein. Für den Anfang können Sie auch ein Freigehege, wie es für den Gartenauslauf verwendet wird, in der Wohnung aufstellen, nur groß muß es sein (und selbst dann kann es den Freilauf nicht ganz ersetzen!).

Stubenreinheit

Mit der Stubenreinheit gibt es beim Gewohnheitstier Kaninchen meist keine Probleme. Nach etwa drei Wochen ist so ziemlich jeder Zwerg stubenrein, kleine „Malheurchen" ausgeschlossen. Stellen Sie im Zimmer eine Katzentoilettenschale mit Katzenstreu auf. Sie können Ihr Kaninchen an seinen Platz gewöhnen, indem

Giftpflanzen in Haus und Garten

Agaven	Ilex
Aloe	Immergrün
Alpenveilchen	Jelängerjelieber
Amaryllis	Kalla
Aronstab	Kirschlorbeer
Azalee	Krokus
„Benjamin"	Lavendelheide
Berglorbeer	Lebensbaum
Besenginster	Liguster
Buchsbaum	Lupinen
Christrose	Mahonie
Christusdorn	Maiglöckchen
Chrysantheme	Mistel
Dieffenbachie	Narzissen
Efeu	Oleander
Eibe	Passionsblume
Eisenhut	Porzellanblume
Engelstrompete	Primel
Essigbaum	Rizinus
Farne	Rhododendron
Feigenbaum	Rittersporn
Fingerhut	Sadebaum
Geranie	Schneebeere
Goldregen	Seidelbast
Hartriegel	Sommerflieder
Heckenkirsche	Stechapfel
Hortensie	Wacholder
Hyazinthe	Weihnachtsstern

Die meisten Zwerge werden schnell stubenrein.

Sie es anfangs jedesmal, wenn es sein Schwänzchen hebt, in die Schale setzen und mit einem Leckerbissen belohnen. Kehren Sie außerdem beim Auslauf hinterlassene Kügelchen zusammen und geben Sie sie in die Kaninchentoilette. Wenn Ihr Zwerg einen bevorzugten Platz „aufsucht", stellen Sie die Schale dorthin. Niemals anschreien oder strafen, das bringt außer einem Vertrauensbruch nichts. Ist der Käfig beim Auslauf zugänglich, reicht die Toilettenschale darin aus, wenn nicht alle Zimmer der Wohnung als Freilaufgelände benutzt werden (dann zumindest anfangs mehrere Kisten anbieten).

Ein Problem kann auftauchen, wenn Ihr Kaninchen rund um den Käfig mit seinen Kotkügelchen markiert, daß dies „sein" Reich ist. Dieses ganz normale Verhalten kann teilweise unterbunden werden, wenn das Kaninchen weiß, daß sein Revier (der Käfig) nicht von Ihnen „angegriffen" wird, z.B. indem Sie die Reinigung nur durchführen, wenn Ihr Zwerg draußen ist, nicht dauernd am Käfig hantieren und das Tier nicht fangen und hineinsetzen, sondern ruhig hineintreiben.

Auf dem Balkon

Wenn Ihr Balkon relativ zugluftfrei ist, können Sie ihn für kurze Aufenthalte oder sogar als Sommerdomizil herrichten – das ist allerdings nur unter großem Aufwand möglich! Ihr Kaninchen braucht Schutz gegen

Witterungseinflüsse, Raubtiere und einen Sturz vom Balkon. Denken Sie daran, daß Kaninchen, auch Zwerge, bis über einen Meter hohe Hindernisse überwinden können! Öffnungen müssen verschlossen, eine Markise oder ein Sonnenschirm als Sonnenschutz aufgestellt werden. Als Bodenbelag eignen sich z.B. Naturgrasmatten, als Unterschlupf sollte ein Häuschen und für den längeren Aufenthalt eine Schutzhütte zur Verfügung stehen. Toilettenschale, Futter und Wasser sind absolute Notwendigkeiten. Im Sommer können Sie Ihr Tier auf einem gut gesicherten Balkon ab ca. 15 Grad Nachttemperatur auch draußen übernachten lassen, wenn Sie es allmählich (zunächst 1–2 Stunden) an die Umstellung gewöhnen.

Leben im Garten

Ein Garten ist natürlicherweise die beste „Sommerfrische" für unsere Zwergkaninchen. Frische Luft, Platz zum Herumhoppeln, Gras zum Abweiden sind für Ihr Tier ein Genuß. Nun kann in 99 % der Gärten ein Kaninchen nicht ohne Gehege frei herumlaufen – Schlupflöcher findet man meist nämlich erst, wenn es schon zu spät ist. Es gibt 3 Möglichkeiten, wie ein Garten als Kaninchenaufenthalt genutzt werden kann: als Auslauf für ein paar Stunden, als Sommer-Dauer-

„Meine Vorfahren stammen zwar aus dem warmen Südwesteuropa, aber wir spielen nicht so gern in der Sonne. Wenn es meinen Verwandten zu heiß wird, ziehen sie sich in ihre Höhlen zurück."

Sommervergnügen.

aufenthalt und ganzjährig, wobei bei letzterem klar sein muß, daß im Winter die Bindung an den Menschen nicht so stark ist. In jedem Fall muß das Tier vor Gefahren geschützt werden (siehe Seite 29), und der Standort sorgfältig ausgewählt sein. Denken Sie immer daran, Ihr Kaninchen langsam an Grünfutter zu gewöhnen, und lassen Sie es anfangs nur kurz draußen.

Laufstall

Auslaufgehege sind im Handel erhältlich, lassen sich aber auch sehr gut selbst herstellen. Dazu nehmen Sie mit unschädlichen Mitteln eingelassene Holzlatten, die an Kanthölzern befestigt und mit festem Maschendraht bespannt werden. Die Fläche sollte etwa 2 qm nicht unterschreiten, die Höhe ca. 75 cm betragen. Eine Abdeckung ist erforderlich, die Räuber außen und das Kaninchen drinnen hält. Sie kann aus einem mit Maschendraht bespannten Rahmen oder aus leichten Brettern bzw. Platten bestehen, die den Vorteil haben, daß sie gleichzeitig Schatten bieten. Ein Unterstand gegen Regen ist nützlich, wenn Ihr Zwerg nicht immer unter Aufsicht ist. Zum Buddeln können Sie Ihrem

Laufstall:

1 Mit unschädlichen Mitteln eingelassene Holzlatten, an Kanthölzern befestigt oder zu Rahmen verschraubt.
2 Fester Maschendraht, Maschenweite unter 20 mm.
3 Obere Abdeckung zum Auflegen. Vorteilhaft halb oder ganz aus Platten als Schattenspender.
4 Als Türe funktionierendes Seitenteil (gut verschließen).
5 Griffe zum Tragen.
6 Häuschen als Unterschlupf: überstehendes Dach, auf Ziegel gestellt, stabile Rampe (mit Querleisten für besseren Halt) am Haus festgemacht.

Zwergkaninchen eine Kiste mit Sand anbieten. Wurzeln, Zweige etc. machen den Gartenauslauf interessanter und laden zum Spielen ein (siehe Seite 58). Bei längerem Auslauf Wasser anbieten! Bedenken Sie, daß Kaninchen gerne und gut buddeln und manch ein Zwerg sich schneller als gedacht unter dem Käfig durchgräbt. Abhilfe schafft ein weitmaschiges Drahtgitter, das den Boden abdeckt und zwar Futteraufnahme, aber kein Graben ermöglicht.

Sommeraufenthalt

Für längeren Aufenthalt im Freien ist eine festere Schutzhütte wichtig. Darin kann Ihr Kaninchen sich zurückziehen, wenn ein Auslauf angeschlossen ist. Bei Regen und nachts sollte es in der Hütte gelassen werden. Wenn ein Stall oder eine Schutzhütte ohne Auslauf geplant ist, lassen Sie das Kaninchen tagsüber in einem Laufstall wie oben beschrieben herumhoppeln und grasen – denken Sie aber an einen Schutz gegen Regen und Sonne. Als Einstreu im Sommerstall am besten Stroh, in der Toilettenecke bei genügend Platz eine Schale mit Katzenstreu, ansonsten Späne. Vor allem im Sommer regelmäßig reinigen (siehe Seite 23), Heuraufe, Futternapf und Tränke nicht vergessen.

Gefahren im Garten

Giftpflanzen
Standort sorgfältig absuchen, keine Giftpflanzen (siehe Liste) direkt am Gehege, Kinder anleiten

Hitze, direkte Sonneneinstrahlung
Schattenteil im Laufstall (unterschiedlichen Sonnenstand beachten!), vorspringendes Dach am Gartenstall

Regen, Wind
Unterstand im Laufstall bei längerem Aufenthalt, Öffnung des Gartenstalls nach Süden oder Osten, vorspringendes Dach, Stall erhöht stellen, evtl. Decken vorhängen (auch bei Kälte z.B. nachts), gegen Zugluft dicht schließende Bretter für Gartenstall verwenden

Raubtiere
Laufstall abdecken

Ausbrechen
Nicht völlig frei im Garten laufen lassen

Ganzjährig draußen

Kaninchen sind nicht kälteempfindlich und können gut draußen überwintern. Probleme bereiten eher Nässe, Wind und Temperaturschwankungen, daher dürfen Kaninchen, die im Winter draußen leben, nicht aus der Kälte in die geheizte Wohnung genommen werden! Ein fester Stall ist im Winter als Kaninchenwohnung erforderlich. Er sollte auf Füßen stehen, ein überstehendes Dach haben und muß gut isoliert sein. Doppelte Wände mit Isoliermaterial dazwischen, viel Stroh und bei großer Kälte Decken vor den Türen schützen das Kaninchen ausreichend vor der Witterung. Heuraufe, Napf und Tränke müssen gut zugänglich sein. Bei gutem Wetter dürfen Kaninchen auch mal im Schnee toben.

Sommer-/ Winterstall:

1 Wände aus 20 mm starken Holzbrettern: im Sommer Nut und Feder, für einen Winterstall doppelt mit Isolierung (**1a**)

2 Boden: Holzbretter, evtl. Schiffsbausperrholz. Bei Bedarf Ablauf: leicht abfallender Boden, Blech mit 3 cm Überstand, Bretterboden, kleiner Spalt an der Rückwand.

3 Stall auf Gartenplatten stellen (Nässe), Verankerung am Boden. Stauraum kann für Einstreu etc. genutzt werden (kein Futter – Schadnager!)

4 Dach schräg abfallend, Überstand, Teerpappe an Kanten umschlagen. Vorhangschiene für Kälte- und Nässeschutz anbringen. (**4a**)

5 Zwei Türen, mit Maschendraht bespannt. Zwei „Abteile" mit Durchschlupf: Ein Abteil kann, mit viel Stroh, im Winter zu einem warmen Nest werden.

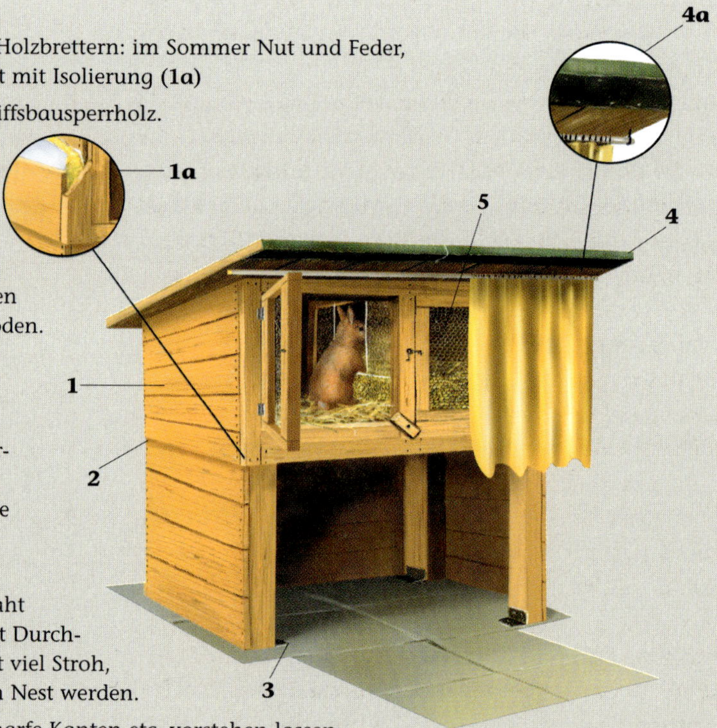

Wichtig: keine Drahtenden, scharfe Kanten etc. vorstehen lassen.
Die Stallöffnung nach Süden oder Osten ausrichten. Schattenteil muß immer vorhanden sein.

Zwergkaninchen-Nachwuchs

Junge Kaninchen im allgemeinen, und junge Zwerge insbesondere, stehen auf der Rangliste der beliebtesten Tierbabies ganz weit oben, und es gibt wohl kaum einen, der ihrem Charme widerstehen kann, wenn sie Haken schlagend im Zimmer umherspringen. „Züchten" ist allerdings nicht gleichbedeutend mit „vermehren" (was bei Kaninchen ja sprichwörtlich ist), sondern mit großer Verantwortung verbunden und sollte den Züchtern überlassen bleiben. Wenn Sie selbst mit dem Gedanken spielen, Ihre Häsin decken zu lassen, denken Sie daran, daß beide Tiere gesund sein müssen, nicht jünger als acht bis neun Monate und nicht älter als vier Jahre sein und möglichst derselben Rasse angehören sollten. Für nähere Informationen wird auf weiterführende Fachliteratur und Kaninchenzüchtervereine hingewiesen (siehe Seite 61).

Es kann natürlich vorkommen, daß Sie ein bereits trächtiges Weibchen erworben haben, oder zwei „Weibchen" sich als Pärchen herausstellen. In diesem Fall erfreuen Sie sich einfach an dem, wenn gleich unerwarteten, Nachwuchs, auch wenn er ein bißchen mehr Zeit und Arbeit von Ihnen verlangt.

Während der 28–32 Tage dauernden *Tragezeit* braucht die Häsin eine ausgewogene Ernährung und viel Ruhe. Nehmen Sie sie möglichst nicht hoch und begrenzen Sie einige Tage vor der Geburt den täglichen Auslauf. Den Käfig nicht umstellen und eine Woche vor dem

Eine bunte Gesellschaft – zum Knuddeln süß.

Wichtig!

Häsinnen sind in der ersten Zeit nach der Geburt sehr anfällig für Störungen. Nehmen Sie die Jungen auf keinen Fall aus dem Nest und fassen Sie auch sonst nicht ins Nest hinein, außer zu einer kurzen Kontrolle. Sonst kann es passieren, daß die Häsin die Jungen verläßt oder gar tötet, weil ihnen ein fremder Geruch anhaftet.

Von ihren großen Vorbildern lernen die Kleinen, wie sich ein Zwergkaninchen verhält.

Tip!

Flaschenaufzucht verwaister Jungtiere: Vier- bis fünfmal täglich z.B. mit einer Liebesperlenflasche handwarme Aufzuchtmilch einflößen; neben spezieller Kaninchen- ist auch lactosereduzierte Katzenaufzuchtmilch geeignet. Nach dem Füttern den Bauch leicht massieren, Junge warm halten. Ab 3 Wochen Karottensaft und Haferschleim zufügen und Aufzuchtfutter anbieten.

Werfen gründlich reinigen. Bieten Sie der Häsin viel Stroh zum Nestbau an und stellen Sie evtl. eine hohe Wurfkiste in den Käfig. Um das Nest auszupolstern, rupfen sich Kaninchen die lockere Wolle am Bauch aus, manche fangen damit eine Woche, andere erst kurz vor der Geburt an. Die *Geburt* selbst ist normalerweise komplikationslos und geht meist unbemerkt von statten. Die Häsin leckt ihre Jungen ab und frißt, um das Nest sauber zu halten, die Nachgeburt, was außerdem die Milchproduktion anregt. Einige Stunden nach der Geburt sollten Sie eine *Nestkontrolle* durchführen. Lenken Sie die Mutter, wenn sie draußen ist, mit einem Leckerbissen ab und schauen vorsichtig ins Nest, um eventuell tote Tiere und Nachgeburtsreste zu entfernen. Die Kontrolle in den darauffolgenden Tagen ab und zu wiederholen, um zu sehen, ob die Kleinen wohlauf sind; Junge, die aus dem Nest gefallen sind, zurücklegen, aber nicht lange in der Hand behalten.

Entwicklung der Jungen: Kaninchen sind Nesthocker, das heißt, die Jungen kommen nackt, blind und taub zur Welt. Etwa drei Wochen lang trinken sie nur Muttermilch, bevor sie anfangen, festes Futter zu sich zu nehmen. Mit etwa fünf Tagen bekommen die Kleinen die ersten Härchen, die sich bis zum Alter von zwei Wochen zu einem weichen Babypelz entwickeln. Die Augen und Ohren öffnen sich nach 8–10 Tagen, und mit 2–3 Wochen krabbeln die jungen Zwerge bereits aus dem Nest. Die anfänglich unbeholfenen Kleinen gewinnen schnell ihr Gleichgewicht, so daß Sie ihnen ab vier Wochen viel Auslauf gönnen sollten, damit Muskeln und Gelenke trainiert werden. Aufzuchtfutter können Sie ab der vierten Woche anbieten. Lassen Sie die Jungen, die normalerweise bis zum Alter von 6–7 Wochen gesäugt werden, noch bei der Häsin, bis sie acht Wochen alt sind. Suchen Sie schon frühzeitig nach einem guten Platz, denn ein verständnisvoller zukünftiger Besitzer Ihres Kaninchennachwuchses wird gerne bereit sein, bis zum Absetzen zu warten, bevor er seinen neuen Hausgenossen mitnimmt.

Richtige Ernährung

Wildkaninchen sind reine Vegetarier, die ihr Futter (Gräser, Kräuter, Früchte, Wurzeln und auch Baumrinde) vor allem am frühen Morgen und abends suchen. Ebenso wie ihre wilden Verwandten sind unsere Hauskaninchen meist nicht wählerisch und daher relativ einfach zu füttern. Ein paar allgemeine Regeln müssen Sie dennoch berücksichtigen. Achten Sie darauf, Ihren Zwerg nicht zu überfüttern, und ermöglichen Sie ihm genügend Bewegung.

Wie oft füttern?

Von Natur aus sind Kaninchen als Pflanzenfresser eigentlich ständig am fressen. Nur einmal täglich zu füttern entspricht daher nicht ihren Gewohnheiten. Es kann ihnen sogar schaden und zu schweren Verdauungsstörungen führen, wenn sie gierig alles auf einmal in sich hineinstopfen.

Füttern Sie Ihr Kaninchen daher mindestens zweimal täglich, wobei ihm Heu und Wasser immer zur Verfügung stehen sollten. Ein Leckerbissen zwischendurch wird gern genommen, Sie müssen nur den Überblick behalten, z.B. indem Sie bereits am Morgen die Tagesration an Saftfutter vorbereiten.

Wichtige Fütterungsregeln

- Mindestens zweimal täglich füttern
- Ausgewogen füttern: Rauh-, Grün-, Saft-, Fertigfutter
- Täglich frisches Wasser
- Langsame Futterumstellung
- Obst und Gemüse waschen
- Zweige und altes Brot (schimmelfrei!) zur Zahnabnützung anbieten
- Kein verdorbenes, behandeltes, verschimmeltes Futter geben, nicht direkt aus dem Kühlschrank füttern
- Keine Süßigkeiten, Kuchen; keine Speisereste außer gekochte Kartoffeln (ohne Keime!) und gekochte Nudeln (ohne Gewürze und Saucen)

Lauter Leckerbissen!

> *„Jeder von uns hat seine Vorlieben, der eine steht mehr auf Tomate, der andere auf Sellerie – Gräser und Löwenzahn mögen wir alle. Übrigens bekomme ich von zuviel Obst oder Gemüse Bauchweh!"*

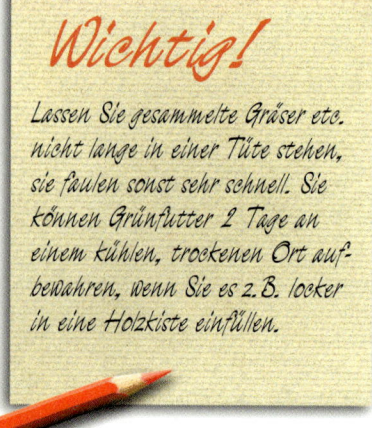

Wichtig!

Lassen Sie gesammelte Gräser etc. nicht lange in einer Tüte stehen, sie faulen sonst sehr schnell. Sie können Grünfutter 2 Tage an einem kühlen, trockenen Ort aufbewahren, wenn Sie es z. B. locker in eine Holzkiste einfüllen.

Womit füttern?

Rauhfutter

Heu als Rohfaserlieferant ist vor allem im Winter sehr wichtig für eine reibungslose Verdauung und stellt die Grundlage der Kaninchenernährung dar. Es sollte immer zur Verfügung stehen, keine Angst, mit Heu können Sie Ihr Tier nicht überfüttern, da es sehr wenig Kalorien enthält. Daraus folgt andererseits, daß Sie ein Kaninchen auch nicht nur mit Heu füttern können, da es dann nicht genug Energie bekommt und verhungern muß.

Gutes Heu riecht angenehm aromatisch und hat eine grünliche Farbe. Es enthält viele sichtbare Kräuter und Gräser mit Blättern, Blüten und Fruchtständen, ist staub- und schimmelfrei und absolut trocken. Verdorbenes, fauliges oder schimmliges Heu auf keinen Fall füttern!

Sie bekommen Heu abgepackt im Zoohandel oder auch beim Bauern, wobei Sie in jedem Fall auf gute Qualität achten sollten. Wenn Sie selbst Heu machen wollen, sammeln Sie die Gräser und Kräuter (siehe Liste Seite 35) auf biozidfreien Wiesen oder in Gärten, in denen keine Pflanzenschutzmittel verwendet wurden. Breiten Sie die Gräser an einer trockenen Stelle aus, und wenden Sie sie mehrmals. Nicht einlagern, bevor das Heu ganz trocken ist! Zum Lagern brauchen Sie einen luftigen und trockenen Ort, es dürfen auch keine Mäuse oder Ratten ans Futter gelangen.

Grünfutter

Das typische Bild eines Kaninchens, das gerade an einem Löwenzahnblatt knabbert, hat einen durchaus wahren Hintergrund, da diese Pflanze bei Kaninchen der absolute Favorit ist. Es gibt aber noch andere Gräser und Kräuter, die Ihr Tier fressen darf (siehe Liste Seite 35). Beim Sammeln sollten Sie beachten:

• nicht direkt neben stark befahrenen Straßen sammeln
• nicht auf gedüngten Flächen sammeln

Hier könnte man es aushalten – aber allzuviel ist ungesund!

• Wiesen, die mit Herbiziden und Pestiziden behandelt wurden, meiden, ebenso Flächen, die als Hundeauslauf genutzt werden

• keine Pflanzen sammeln, die Sie nicht kennen, auf Giftpflanzen achten (die übrigens auch im Heu nicht immer ihre Giftigkeit verlieren)

Klee sollte nicht der Hauptteil des Grünfutters sein, da vor allem Rotklee zu Blähungen führen kann.

Im Winter können Sie mittels Katzengras oder Gras- und Kräutersamen eine Kaninchenwiese anlegen, die, wenn Sie alle paar Wochen nachsäen, Ihrem Tier auch in der kalten Jahreszeit Grünfutter beschert.

Saftfutter
Obst und Gemüse sind zwar nicht der Hauptbestandteil des Kaninchenfutters, dürfen aber im Speiseplan nicht fehlen, da sie sehr vitamin- und nährstoffreich sind. Wenn Sie darauf achten, daß keine verdorbenen Teile dabei sind, können Sie Reste von der Kochvorbereitung nehmen, z.B. Karottenstückchen, Schalen von gekochten Kartoffeln (ohne Keime), Karottengrün, Apfelschalen etc. Eine Liste mit geeignetem Saftfutter finden Sie auf der nächsten Seite.

Geeignetes Grünfutter

Bärenklau (Hasenscharte), Beifuß, Beinwell, junge Brennesseln (anwelken lassen), Gänsedistel, Gänsefuß, Gras, Hirtentäschel, Kamille, Klee (nur in kleinen Mengen), Löwenzahn, Luzerne, Melde, Pfefferminze, Salbei, Sauerampfer, Schafgarbe, Vogelmiere, Wegerich, Weißklee

Giftige Wildpflanzen

Bärlauch, Bilsenkraut, Bunte Kornwicke, Buschwindröschen, Eisenhut, Fingerhut, Hahnenfuß (Butterblume), Herbstzeitlose, Hundspetersilie, Immergrün, Maiglöckchen, Mohn, Narzissen, Riesenbärenklau, Schneeglöckchen, Schwedenklee, Sumpfdotterblume, Tollkirsche, Trollblume, Wolfsmilchgewächse, Sommerflieder, Stechapfel, Wacholder, Weihnachtsstern

Geeignetes Gemüse und Obst

Apfel, Banane, Birne, Broccoli, Chicoree, Chinakohl, Endivie, Erbsengrün, Feldsalat, Fenchel, Futterrübe, Kartoffel (gekocht, ohne Keime), Kohl bedingt, Kohlrabi, Kresse, Küchenkräuter (wie Salbei, Dill, Petersilie, Schnittlauch), Mais (in Maßen, da sehr kalorienreich), Möhre mit Kraut, Paprika, Radieschenblätter, Salate bedingt, Salatgurke, Sellerie, Sonnenblume, Spinat, Stangensellerie, Steckrübe, Tomate, Topinambur mit allem, Zichorie;
im Winter auch Trockenobst

Ein besonderer Leckerbissen für viele Kaninchen ist die in den letzten Jahren vermehrt angebaute Topinambur, von der Knolle, Stengel und Laub verfüttert werden können (siehe Seite 37). Die verwandte Sonnenblume mögen unsere Leckermäuler ebensogern.

Vorsicht ist geboten bei Kohl, der sehr stark blähen kann und daher nur in ganz geringen Mengen, wenn überhaupt, verfüttert werden darf. Salat ist oftmals behandelt und stark nitrathaltig, halten Sie sich daher beim Füttern auch damit zurück. Giftig sind Kartoffel- und Tomatenlaub, Kartoffelkeime, rohe Bohnen, schädlich auch Rhabarber. Maiskolben übrigens eignen sich, in kleineren Stücken, als Knabberzeug und auch die „Haare" und ein paar Blätter (der Kolben) werden gefressen. Befreien Sie die Kolben zum Lagern immer von den Blättern, sie verderben sonst schnell.

Fertigfutter

Die meisten im Handel angebotenen Fertigfuttermischungen bestehen aus geschrotetem Getreide, Pellets und Trockengemüse. Pellets sind gepreßte Grünfutterbestandteile mit Vitaminen, Mineralien und Spurenelementen, die auch ohne Getreide oder andere Beimischungen angeboten werden. Obwohl Fertigfutter oft als „Alleinfutter" deklariert wird, sollten Sie Ihrem Kaninchen doch mehr Abwechslung gönnen und Grün- und Saftfutter zusätzlich anbieten. Von kalorienreichen Mischungen mit Getreide oder Nüssen geben Sie Ihrem Tier etwa 1–2 Eßlöffel pro kg Körpergewicht am Tag. Pellets dürfen in größeren Mengen angeboten werden, da sie nicht so energiereich sind. Bei großem Grünfutterangebot im Sommer, z.B. mehrstündigem Gartenauslauf, können Sie sogar zwischendurch auf Fertigfutter

Futternäpfe aus Ton sind stabil und können nicht, wie Plastikschüsseln, angenagt werden.

verzichten und nur 2–3 mal die Woche 1–2 Eßlöffel geben. Wenn Sie Ihr Kaninchen beobachten, finden Sie bald heraus, wie gut es sein Futter verwertet und ob es mehr oder weniger Kraftfutter verträgt, ohne fett zu werden (siehe Seite 39).

Außer im Zoohandel können Sie Pellets in landwirtschaftlichen Genossenschaften kaufen, wo sie in Säcken zu 5 oder mehr kg angeboten werden. Achten Sie darauf, kein Mast-, sondern Zuchtfutter zu erwerben.

Wenn Sie die Sorte wechseln, sollten Sie wie bei jeder Futterumstellung langsam vorgehen und anfangs das neue mit dem alten Futter mischen.

Zwergkaninchen müssen nagen, um ihre ständig nachwachsenden Zähne abzunützen.

Beschäftigungsfutter

Kaninchen sind zoologisch gesehen zwar keine reinen Nagetiere, haben aber wie diese ein ständig nachwachsendes Gebiß, das ohne Nagemöglichkeit zuwenig abgenutzt wird, was zu schweren Krankheitsbildern führen kann (siehe Seite 41). Zweige von Laubbäumen sind die besten Knabbereien, die Beschäftigung bieten und außerdem Gerbstoffe und Öle enthalten. Nehmen Sie Zweige von ungespritzten Obstbäumen, von Buche, Haselnuß, Pappel, Weide und Erle. Ab und zu darf Ihr Kaninchen an einem Stück alten, harten Brot nagen, das absolut schimmelfrei sein muß.

Wenn Sie im Winter auf Zweigsuche gehen, lassen Sie diesen erst abtauen und trocknen, bevor Ihr Kaninchen daran nagen darf.

Wasser ist wichtig!

„Kaninchen brauchen kein Wasser" ist ein oft gehörtes, jedoch absolut falsches Märchen. Es stimmt, daß bei genügend Grün- und Saftfutter manches Kaninchen

Tip!

Topinamburstengel, in ca. 5 cm lange Stücke geschnitten und kühl und trocken gelagert bereichern den Winterspeiseplan. Kaninchen sind begeistert von diesen wohlschmeckenden „Knabberstangen".

tagelang kein Wasser trinkt, anbieten müssen Sie es ihm trotzdem täglich. Am besten dient dabei eine Nippeltränke, in der das Wasser nicht verschmutzt werden kann. Der Nippel darf nicht über den Futternapf oder das Heu ragen, damit kein Wasser ins Futter gelangt. Wenn Ihr Kaninchen es mag, können Sie ihm auch Kräutertee, z.B. Kamille, anbieten, nie aber Milch, die zu schweren Durchfällen führt.

Vitamine und Mineralien

Auf zusätzliche *Vitamingaben* kann Ihr Kaninchen, wenn es genügend Grün- und Saftfutter zur Verfügung hat, verzichten, eine Überdosierung kann sogar nachteilig sein! Ein *Leckstein* sollte angeboten werden, wenn er auch oft nicht angenommen wird.

Eine Eigenheit des Kaninchens, wie auch des Meerschweinchens, ist das sogenannte „Kotfressen", bei dem Blinddarmkot v.a. nachts aufgenommen wird. In diesem weicheren und helleren Kot sind Vitamin K und B-Vitamine enthalten, die im Blinddarm gebildet werden. Diese Eigenheit darf nicht unterbunden werden, sie ist für das Kaninchen lebenswichtig.

Eine originelle Leckstein-befestigung.

Speiseplan

Allgemeiner Speiseplan

Rauhfutter (Heu)	täglich zur freien Verfügung
Fertigfutter	ca. 2–3 Eßlöffel, reine Pellets mehr, im Sommer weniger möglich
Grünfutter	im Sommer täglich z.B. abends eine Raufe voll (langsam umstellen!) bzw. Auslauf im Garten; im Winter evtl. selbst angesätes Gras
Saftfutter	über den Tag verteilt, Tagesration morgens vorbereiten. Menge je nach Größe des Tieres und sonstigem Grünfutterangebot; mehr Gemüse als Obst
Zweige	mehrmals wöchentlich zum Abnagen anbieten
Leckereien, trockenes Brot	ab und zu (alle 1–2 Wochen, wenn Ihr Zwerg genug Bewegung hat)

Sollte Ihr Zwerg doch einmal zu dick geworden sein, reduzieren Sie die Fertigfuttermenge und bieten ihm mehr Bewegung; auch ein Diättag ab und zu mit Heu und Wasser schadet nicht.

Menüvorschlag

morgens	*abends*
frisches Wasser und Heu für den ganzen Tag	evtl. Heu/Wasser nachfüllen
2 Eßlöffel Fertigfutter	bei wenig Grünfutter im Winter 1–2 Eßlöffel Pellets, eine kleine Handvoll Karottengrün oder Feldsalat
Mohrrübe oder Apfel und ein Salatblatt oder ein paar Broccolistückchen	im Sommer eine Handvoll Grünfutter, z.B. Gras und Löwenzahn; falls Ihr Kaninchen draußen war und geweidet hat, weniger

Unbedingt plötzliche Futterumstellungen vermeiden!

*Vor allem während des Fell-
wechsels wird liebevolles Bürsten
genossen.*

*Langhaarkaninchen benötigen viel
Fellpflege. Verfilzte Stellen sollten
frühzeitig ausgeschnitten werden.*

Gesundheit und Krankheit

Gesundheitsvorsorge

Um Krankheiten zu vermeiden oder um sie zumindest
rechtzeitig zu erkennen, ist es sehr wichtig, bestimmte
Kontroll- und Pflegemaßnahmen regelmäßig durch-
zuführen. Durch regelmäßige Körperpflegemaßnah-
men kann man viele Krankheiten von vornherein
verhindern.

Fellpflege

Es beginnt schon mit der Fellpflege. Das Fell sollten Sie
einmal pro Woche mit einer speziellen Fellbürste oder
einem Fellhandschuh durchbürsten. Wenn Sie das
Bürsten von Zeit zu Zeit auf einem weißen Tuch durchführen, können Sie gleichzeitig darauf achten, ob eventuell Ektoparasiten in Form von Flöhen, Haarlingen
oder Milben auf das Tuch fallen. Es sollte bei diesem
Bürsten auch darauf geachtet werden, eventuell vorhandene verfilzte Haarstellen zu entfernen. Auch auf
haarlose Stellen, gerötete Hautpartien im Bereich der
Pfotenunterseite und auf Schuppen sollte bei der Fellpflege geachtet werden.

Da Kaninchen sehr reine und saubere Tiere sind, putzen sie sich ständig und weisen normalerweise keine
verdreckten Körperstellen auf. Trotzdem kann es vorkommen, daß sich Krusten im Bereich der Nase oder
am inneren Augenrand bilden. Deshalb sollten Sie den
Augen- und Nasenbereich ständig kontrollieren und
gegebenenfalls mit einem in warmem Wasser
getränkten Tuch reinigen und vorhandene
Krusten entfernen.

Krallen

Neben dem Fell müssen auch die Krallen kontrolliert
werden. Zu lang gewachsene Krallen können zu zahlreichen Problemen führen. Gerade in der Wohnung
gehaltene Kaninchen nutzen sich aufgrund des weichen
und oft auch glatten Untergrundes die Krallen
nicht ausreichend ab. Dies gilt vor allem
für die Krallen der Vorderbeine. Zu lange
Krallen können zu einer erheblichen
Beeinträchtigung der Gesundheit führen.
Beispielsweise können Kaninchen mit zu langen Krallen
nicht mehr richtig hoppeln und versuchen dann automatisch, sich weniger zu bewegen, was wiederum zu
anderen gesundheitlichen Problemen führen kann.

Je länger die Krallen wachsen, desto größer wird auch
die Gefahr, daß das Kaninchen damit hängen bleibt.
Hierbei treten oft erhebliche Verletzungen oder sogar
Knochenbrüche auf. Auch Entzündungen durch in die
Haut eingewachsene Krallen kommen immer wieder
vor.

Zähne

Neben den Krallen müssen auch die Zähne eines
Kaninchens regelmäßig kontrolliert werden. Im Unter-
schied zum Menschen wachsen die Zähne beim Kaninchen ständig weiter. Normalerweise werden sie durch
die Abnutzung beim Fressen in ihrer normalen Länge
gehalten. Es kommt jedoch immer wieder vor, daß die
Schneidezähne nach einer gewissen Zeit so lang geworden sind, daß sie das Kaninchen beim Fressen
behindern. Deshalb sollten Sie die Länge der Schneidezähne regelmäßig kontrollieren (siehe Seite 42).

Hierbei ist zu beachten, daß die Schneidezähne im
Oberkiefer kürzer sind als die im Unterkiefer. Im Nor-
malfall sollte die Länge der Schneidezähne im Oberkie-
fer ein Drittel und die im Unterkiefer zwei Drittel der
Gesamtlänge ausmachen, wobei die Schneidezähne von
Ober- und Unterkiefer sich bei Kieferschluß berühren

Krallenschneiden

*Wer hierbei keine Erfahrung hat,
sollte sich das Krallenschneiden von
seinem Tierarzt zeigen lassen. Es
ist sehr wichtig, die Krallen nicht
zu kurz zu schneiden, damit die
Nerven und Blutgefäße, die sich in
jeder Kralle befinden, nicht verletzt
werden. Bei hellen oder nicht pig-
mentierten Krallen kann man deutlich sehen, wie weit die Blutge-
fäßversorgung reicht. Die Kralle
sollte etwa 3 mm unterhalb des
Endes der Blutgefäße mit einer
speziellen Krallenschere gekürzt
werden.*

Bei korrekter Zahnstellung reiben die Zähne aufeinander und nützen sich gegenseitig ab.

sollten. Wenn die Schneidezähne zu lang gewachsen sind, so sollte man das Kaninchen beim Tierarzt vorstellen, damit dieser sie kürzt.

Neben den Schneidezähnen müssen auch die Backenzähne regelmäßig kontrolliert werden, da diese manchmal durch ungleichmäßige Abnutzung scharfe Kanten aufweisen können, die dann zu einer Behinderung beim Fressen führen können. Die Kontrolle der Backenzähne wird mit einem speziellen Instrument durchgeführt, daher sollte man sie durch den Tierarzt regelmäßig vornehmen lassen.

Wann zum Tierarzt?

Diese grundsätzliche Frage kann sicherlich nicht allgemein beantwortet werden. Es gilt jedoch auf jeden Fall: lieber zweimal zu früh als einmal zu spät. Sollten Sie bei Ihrem Kaninchen Veränderungen in einem der nebenstehenden Punkte feststellen, empfiehlt es sich auf jeden Fall, das Tier beim Tierarzt vorzustellen und untersuchen zu lassen. Dies gilt generell auch, wenn Sie bei Ihrem Kaninchen eine Verletzung oder eine Wunde feststellen.

Auch wenn das Kaninchen humpelt, also ein Bein nicht richtig benutzt, ist dies ein Zeichen, daß das Tier Schmerzen hat. Auch in einem solchen Fall sollte man mit ihm zum Tierarzt gehen. Es sind hier nur einige mögliche Veränderungen aufgeführt, bei denen man sein Kaninchen auf jeden Fall bei einem Tierarzt vorstellen sollte.

An dieser Stelle sei aber noch einmal ausdrücklich darauf hingewiesen, daß man mit seinem Kaninchen nicht nur zum Tierarzt geht, wenn es krank ist, sondern es auch in regelmäßigen Abständen vorgestellt werden sollte, damit geimpft und untersucht werden kann. Bei solchen Anlässen können auch mögliche Probleme besprochen und so schon von vornherein viele Krankheiten vermieden werden.

Krankheitsanzeichen

- Appetitlosigkeit, Gewichtsverlust, Teilnahmslosigkeit, verminderte Reaktion, stumpfes Fell
- Wunden, Blutspuren, Schwellungen
- Starker Juckreiz, starker Haarausfall, Krusten
- Schnupfen, Husten, Atembeschwerden
- Überlange Zähne, Speicheln
- Aufgetriebener Bauch, Durchfall, kein Kotabsatz
- Kein Harnabsatz, Blut im Urin
- Lahmheiten, zu lange Krallen
- Augenausfluß, auffallendes Kopfschütteln

Zwergkaninchen regelmäßig impfen lassen

Es gibt zwei Infektionskrankheiten, durch die unsere Kaninchen vor allem gefährdet werden: Zum einen ist dies die Chinaseuche, auch RHD (Rabbit Heaemorrhagic Disease) genannt. Diese Viruserkrankung ist aus China eingeschleppt worden und hat sich mittlerweile fast in ganz Europa ausgebreitet.

Die Symptome der Erkrankung sind Atembeschwerden, Apathie, Durchfall, Blutungen aus den Körperöffnungen und rasches Verenden der erkannten Tiere. Da man erkrankte Kaninchen nicht mehr retten kann, ist es sehr wichtig, Kaninchen gegen diese Erkrankung zu impfen. Die Impfung muß jedes Jahr einmal wiederholt werden, sonst verfällt der Impfschutz.

Neben der Chinaseuche stellt auch die Myxomatose eine gefährliche Viruserkrankung dar. Sie wird durch blutsaugende Insekten übertragen, deshalb sind vor allem Kaninchen, die draußen im Garten oder auf dem Balkon gehalten werden, gefährdet.

Tip!
Für den Transport zum Tierarzt eine stabile Transportbox verwenden und mit Tüchern oder Zellstoff auslegen. Auf keinen Fall das Zwergkaninchen im Wartezimmer herausnehmen (Streß!).

Sie können die Krallen Ihres Zwerges auch regelmäßig vom Tierarzt schneiden lassen.

„Ich genieße es, wenn Du mich bürstest, und ich finde es toll, wenn Du meinen Käfig sauber hältst. Nur baden, das mag ich nicht, es kann mich sogar krank machen, wenn ich so naß werde."

Die Erkrankung beginnt meist mit einer Schwellung und eitrigen Entzündung im Augen- und Genitalbereich. Schon nach kurzer Zeit breitet sich die Schwellung im Augenbereich weiter aus, so daß der ganze Kopf stark anschwillt (sogenannter Löwenkopf). Auch die Myxomatose ist leider noch nicht behandelbar. Deshalb sollten Kaninchen, die ganz oder teilweise draußen gehalten werden, auf jeden Fall geimpft werden. Die Impfung muß alle sechs Monate wiederholt werden.

Regelmäßige Gewichtskontrolle

Viele Erkrankungen beginnen mit einem verminderten Appetit. Oft sind sonst äußerlich keine anderen Symptome feststellbar. Dies gilt vor allem für Zahnerkrankungen, kann aber auch für viele andere Erkrankungen gelten. Da es für den Tierbesitzer in solchen Fällen oft sehr schwer ist, solche Veränderungen rechtzeitig zu bemerken, empfiehlt es sich, sein Kaninchen regelmäßig zu wiegen.

Nach der anfänglichen Wachstumsphase haben Kaninchen meist ein relativ konstantes Körpergewicht, was bei guter Fütterung noch langsam etwas ansteigen kann.

Eine langsame Gewichtsabnahme dagegen kann oft der erste Hinweis auf eine beginnende Erkrankung sein. In einem solchen Fall sollten Sie Ihr Kaninchen bei einem Tierarzt vorstellen, um es untersuchen zu lassen. Es empfiehlt sich, Kaninchen einmal pro Woche zu wiegen und das entsprechende Gewicht in ein kleines Büchlein einzutragen und mit den jeweils letzten Körpergewichten zu vergleichen. Besonders gut lassen sich die festgestellten Körpergewichte auch über einen längeren Zeitraum vergleichen, wenn man sie in Form eines Diagramms darstellt.

Wichtig!

Richtige Haltung und Ernährung gehören zur Gesundheitsvorsorge. Im Krankheitsfall sollten sie immer überprüft werden, da viele Erkrankungen auf Haltungs- oder Fütterungsfehler zurückzuführen sind (z.B. zu niedrige Luftfeuchtigkeit, Zugluft, plötzliche Futterumstellung usw.).

Hinweise für eine mögliche Erkrankung

Je früher man eine Erkrankung erkennt, um so besser sind die Chancen, das Kaninchen schnell wieder zu heilen. Deshalb ist es sehr wichtig, sein Kaninchen immer genau zu beobachten, damit man eine Verhaltensänderung oder andere äußere Veränderungen möglichst frühzeitig bemerkt. Auf folgende Punkte sollten Sie achten:

Veränderte Verhaltensweisen

Achten Sie immer darauf, ob Ihr Kaninchen plötzlich weniger Interesse an seiner Umwelt hat als sonst. Wenn Sie feststellen, daß Ihr Kaninchen häufig teilnahmslos in der Ecke sitzt, nicht mehr wie sonst spielen will, sich oft lange in seinem Häuschen verkriecht oder sogar mit den Zähnen knirscht (bei Kaninchen ein Zeichen von Schmerz), so können dies alles Hinweise auf eine beginnende Erkrankung sein. Oft fällt in diesem Zusammenhang auch auf, daß sich das Kaninchen kaum noch putzt.

Regelmäßiges Wiegen dient der Gesundheitsvorsorge.

Verändertes Freßverhalten

Es beginnt häufig damit, daß das Kaninchen nicht mehr wie sonst sofort neugierig zur Futterschüssel kommt, wenn Sie es füttern. Oft kann auch festgestellt werden, daß das Kaninchen nur noch bestimmtes Futter frißt, andere Futtersorten, die es früher noch gerne gefressen hat, jedoch nicht mehr anrührt. Gelegentlich kann beobachtet werden, daß das Kaninchen zwar fressen

Ein interessiertes, aufgewecktes Zwergkaninchen.

Tip!
Bei leichtem Durchfall hilft oft eine Diät: nur Heu, ein wenig Trockenfutter und Wasser geben. Bei gleichzeitigen Allgemeinsymptomen oder länger als 1 – 2 Tage dauerndem Durchfall zum Tierarzt!

möchte, es das Futter auch ins Maul nimmt, doch daß immer wieder Futterteile beim Fressen aus dem Maul fallen.

Bei Fortschreiten bestimmter Erkrankungen kann es sogar vorkommen, daß das Kaninchen überhaupt kein Futter mehr zu sich nimmt. Wenn Sie bei Ihrem Kaninchen feststellen, daß ein verändertes Freßverhalten vorliegt, so ist es wichtig, die Ursache festzustellen und gegebenenfalls auch einen Tierarzt aufzusuchen.

Augen- und Nasenausfluß

Viele Erkrankungen beim Kaninchen führen unter anderem zu Augen- und/oder Nasenausfluß. Wenn Sie bei Ihrem Kaninchen Eiterspuren im Bereich des Auges, verstärktes Tränen der Augen, starke Rötungen der Bindehäute oder ein häufiges Zukneifen oder Blinzeln eines Auges feststellen, so sind dies alles Anzeichen, die auf eine beginnende Augenerkrankung hinweisen. Nasenausfluß kommt vor allem bei einer

Erkrankung des Atmungsapparates vor. Anzeichen hierfür sind vor allem eitriger Nasenausfluß, häufiges Husten und Niesen oder Bläschen und Krusten im Bereich der Nasenöffnungen.

Veränderungen im Bereich der Ohren
Bei Ohrmilben kann man oft Krusten im Ohrinneren auf einer oder beiden Seiten feststellen. Eine unterschiedliche Haltung der beiden Ohren kann zum Beispiel ein Hinweis auf eine Ohrentzündung sein.

Veränderungen im Ausscheidungsverhalten
Zwergkaninchen reagieren sehr empfindlich auf Fütterungsfehler, z.B. plötzliche Futterumstellung, aber auch Streß löst Verdauungsstörungen aus. Bei leichtem Durchfall können Sie selbst eingreifen (siehe Seite 46). Bei Verstopfung Wasserangebot kontrollieren, Fertigfutter zunächst weglassen und eventuell einen Teelöffel Leinöl geben. Falls bis zum nächsten Tag keine Besserung eintritt, sollten Sie den Tierarzt aufsuchen.
Der Urin eines Kaninchens kann ebenfalls Hinweise auf bestimmte Erkrankungen geben. Wenn ein Kaninchen plötzlich viel häufiger als sonst Urin absetzen muß, so kann dies zum Beispiel ein Hinweis auf eine Blasenentzündung sein. Auch Farbveränderungen des Urins können manchmal Hinweise auf mögliche Erkrankungen geben. Wenn ein Kaninchen dagegen plötzlich gar keinen Urin mehr absetzt oder nur noch Tropfen, so kann dies ein Hinweis auf einen möglichen Blasen- oder Harnröhrenstein sein. In einem solchen Fall sollte das Kaninchen schnell einem Tierarzt vorgestellt werden.

Gewichtsveränderungen
Nachdem ein Kaninchen ausgewachsen ist, hat es meist ein Körpergewicht erreicht, das sich nicht

Wichtig!
Einen absoluten Notfall stellt die sogenannte Trommelsucht dar (aufgetriebener Bauch, schnelle, flache Atmung) – sofort zum Tierarzt!

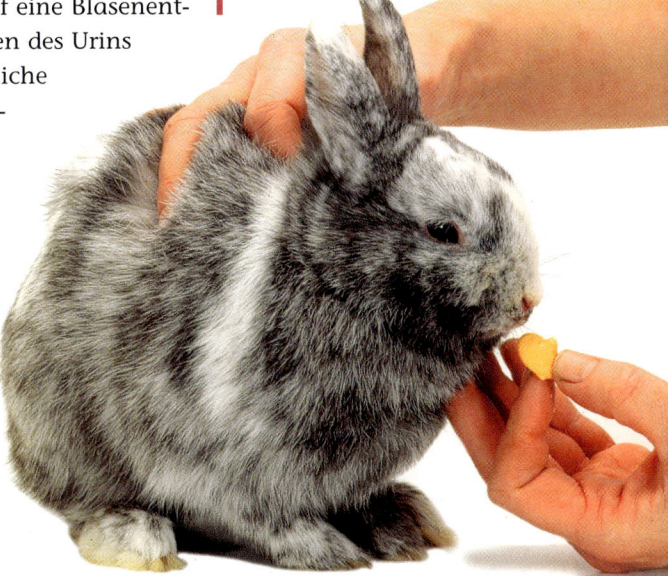

Ein Zwergkaninchen, das nicht fressen will, sollte baldmöglichst untersucht werden.

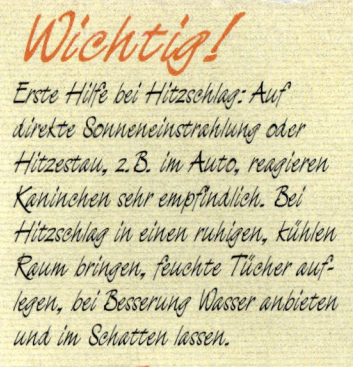

Wichtig!

Erste Hilfe bei Hitzschlag: Auf direkte Sonneneinstrahlung oder Hitzestau, z.B. im Auto, reagieren Kaninchen sehr empfindlich. Bei Hitzschlag in einen ruhigen, kühlen Raum bringen, feuchte Tücher auflegen, bei Besserung Wasser anbieten und im Schatten lassen.

mehr sehr stark ändert. Natürlich führt eine gute Fütterung zu einer weiteren Gewichtszunahme. Es sollte aber vor allem darauf geachtet werden, ob das Kaninchen sein Gewicht in etwa hält, oder ob es eventuell ständig an Gewicht verliert. Ständiger Gewichtsverlust ist oft ein Zeichen für eine bestehende Erkrankung. Meist handelt es sich dabei um Zahnerkrankungen, aber auch bei vielen anderen Erkrankungen können Kaninchen an Gewicht verlieren. Um Gewichtsveränderungen rechtzeitig festzustellen, empfiehlt es sich, daß man sein Kaninchen einmal pro Woche wiegt und das gewogene Körpergewicht in ein kleines Buch einträgt, damit man die Möglichkeit hat, dessen Entwicklung zu vergleichen (siehe Seite 44).

All die hier aufgeführten Punkte stellen natürlich nur eine Auswahl von Hinweisen dar, die auf eine mögliche Erkrankung hinweisen können. Sie sollen dem Leser lediglich als Hilfe dienen, wenn er durch ein verändertes Verhalten seines Kaninchens verunsichert ist.

Die Ernährung eines kranken Zwergkaninchens

Flüssignahrung können Sie mit einer Spritze seitlich hinter den Nagezähnen einflößen.

Es gibt zahlreiche Erkrankungen beim Kaninchen, die unter anderem bewirken, daß Kaninchen keine Nahrung mehr zu sich nehmen wollen. Dies gilt vor allem für Erkrankungen der Mundhöhle und des Magen-Darmtraktes. Um zu erreichen, daß sich das Kaninchen schnell wieder von seiner Krankheit erholt, ist es für das Tier lebenswichtig, daß es auch während der Dauer der Krankheit weiter Futter aufnimmt.

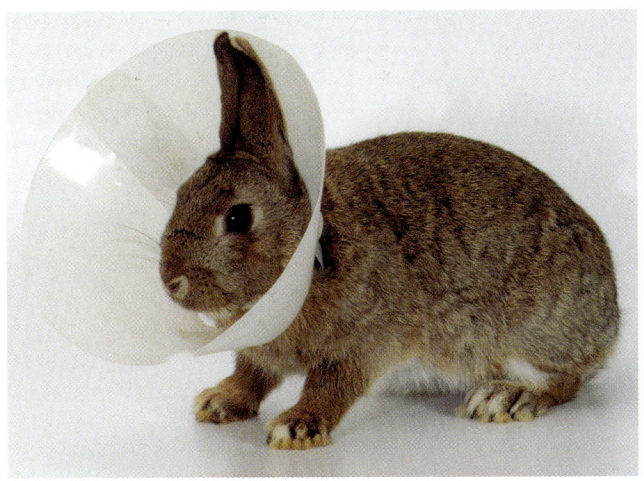

Da viele erkrankte Tiere aber nicht mehr fressen wollen oder vielleicht sogar nicht mehr selbständig fressen können, müssen sie in einem solchen Zeitraum gefüttert werden (sog. Zwangsernährung).

Für das Kaninchen ist vor allem die Aufnahme von ausreichend Flüssigkeit lebensnotwendig. Hierfür eignet sich besonders Babybrei, der im Handel von zahlreichen Firmen angeboten wird. Es empfiehlt sich, mehrmals täglich dem Tier mit einer Spritze eine Menge von ca. 4–8 ml ins Maul einzugeben (Bild).

Weiter besteht auch die Möglichkeit, im Handel erhältliche Kaninchenpellets in Wasser aufzuweichen, zu einem Brei zu vermischen, und ebenfalls mit einer Spritze ins Maul einzugeben. Bei einigen Erkrankungen, vor allem wenn sie durch Bakterien hervorgerufen werden, müssen Kaninchen mit Antibiotika behandelt werden. Viele Antibiotika führen bei Kaninchen leider zu Störungen im Magen-Darmtrakt und dadurch zu Durchfallproblemen. Deshalb empfiehlt es sich bei Durchfall oder beim Einsatz von Antibiotika, dem Kaninchen Magerjoghurt einzugeben. Dieser enthält Stoffe, die den Magen-Darmbereich schützen und bewirken, daß es zu einer schnelleren Heilung kommt.

Krankenpflege

- Hygiene beachten, häufigere Reinigung von Käfig und Zubehör, erkrankte Tiere evtl. trennen
- Haltungs- und Fütterungsbedingungen überprüfen und gegebenenfalls optimieren, viel Zuwendung geben, Streß vermeiden
- Niemals eigenmächtig Medikamente verabreichen (Penicillin z.B. ist für Kaninchen giftig), Anweisungen des Tierarztes befolgen
- Nach Absprache die Heilung unterstützen mit: Rotlicht (Abstand!), Bachblüten, Kräutern oder Vitaminpräparaten

ZWERGKANINCHEN VERSTEHEN LERNEN

Der Zwergkaninchenalltag verlangt nicht nur nach Pflege und Fütterung. Wenn Sie sich liebevoll mit Ihren Zwergen beschäftigen, werden Sie sicherlich auch viel Freude mit ihnen haben.

Wie gewinne ich das Vertrauen meines Zwergkaninchens?

Beim richtigen Umgang mit dem Kaninchen wird sich schnell eine intensive Beziehung zwischen Tier und Besitzer ausbilden. Es ist wichtig, das Kaninchen als eigenständiges Lebewesen zu sehen. Deshalb sollten Sie Ihr Kaninchen auch nie zu etwas zwingen, was es nicht mag oder wovor es Angst hat. Wenn man dies berücksichtigt, wird sich schnell eine Vertrauensbasis zwischen Kaninchen und Besitzer ausbilden.

Das Kaninchen muß vor allem am Anfang lernen, daß es keine Angst vor seinem neuen Besitzer zu haben braucht. Deshalb ist es wichtig, alles zu vermeiden wodurch sich das Tier erschrecken könnte. Das Anbieten von kleinen Lecker-

Eine fremde Umgebung ist den Kaninchen erst einmal unheimlich. Vertrauen schaffen ist wichtig für ein glückliches Zusammenleben.

bissen aus der Hand ist sicherlich einer der ersten
Schritte, damit das Kaninchen lernt, daß es von seinem
neuen Besitzer Gutes zu erwarten hat. Kaninchen sind
auch in der Lage, Personen an ihren Stimmen zu erkennen und zu unterscheiden. Deshalb sollten Sie auch
regelmäßig mit Ihrem Zwerg sprechen.

Da Kaninchen von Haus aus sehr neugierige Tiere
sind, können Sie sich dies gut zunutze machen, indem
Sie sie immer langsam mit neuen Situationen vertraut
machen. Schnell wird die Neugierde überwiegen, und
die Zwergkaninchen werden versuchen, neue Gegenstände oder neue Umgebungen zu erkunden.

Was will mir mein Kaninchen sagen?

So wie sich die Kaninchen untereinander verständigen
können, ist auch eine Verständigung zwischen Kaninchen und Mensch möglich. Hierfür ist es aber sehr
wichtig, sich ausführlich mit seinem Kaninchen zu
beschäftigen. Denn je intensiver der Kontakt zwischen
dem Kaninchen und seinem Besitzer ist, um so mehr
werden Sie in der Lage sein, zu verstehen, in welcher

Beim Anblick eines solchen Zwerges denken die wenigsten daran, daß er noch viele der ursprünglichen Verhaltensweisen der Wildkanin-chen in sich trägt.

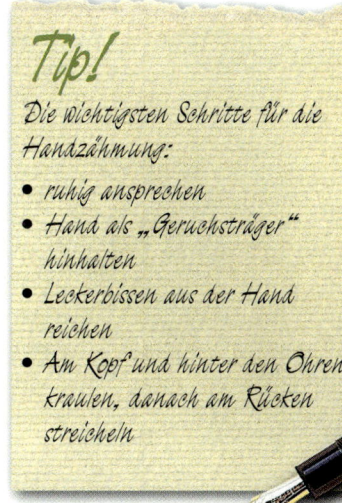

Tip!
Die wichtigsten Schritte für die Handzähmung:
- *ruhig ansprechen*
- *Hand als „Geruchsträger" hinhalten*
- *Leckerbissen aus der Hand reichen*
- *Am Kopf und hinter den Ohren kraulen, danach am Rücken streicheln*

Beim Männchenmachen sieht man mehr.

Läuft ein Kaninchen plötzlich schnell im Zimmer oder im Käfig auf und ab und schlägt dabei Haken, so ist dies ein Zeichen von Freude und Übermut.

Stimmung sich Ihr Kaninchen gerade befindet, und was es Ihnen vielleicht mitteilen möchte.

Grundbedürfnisse

Beginnt ein Kaninchen den Futternapf unruhig hin und her zu schieben, so ist dies ein Hinweis dafür, daß es Hunger hat. Streckt es dagegen alle vier Beine von sich, so will es damit zeigen, daß es sich ausruhen möchte. Es ist wichtig, dies zu akzeptieren, und das Kaninchen, solange es ruhen möchte, nicht zu stören. Kaninchen können auch mit dem Kopf kleine Stöße austeilen, wenn sie ihrem Besitzer oder einem Artgenossen sagen wollen, daß sie für eine gewisse Zeit in Ruhe gelassen werden wollen.

Neugierde

Neugierde und Interesse zeigt ein Kaninchen dadurch, daß es sich auf die Hinterbeine setzt, um einen besseren Überblick zu haben. Wenn Ihr Kaninchen ein solches Verhalten zeigt, sollten Sie ihm die Möglichkeit geben, seine Neugierde zu befriedigen: Zeigen Sie ihm den Gegenstand für den es sich interessiert und lassen diesen erkunden.

Angst

Auf der anderen Seite kann Ihr Kaninchen Sie aber auch darauf hinweisen, daß es Angst hat. Es drückt dann seinen Körper flach auf den Boden,

um möglichst klein zu erscheinen. In einem solchen Fall sollten Sie versuchen, Ihrem Kaninchen die Angst zu nehmen, indem Sie es beruhigen und vorsichtig streicheln.

Flucht und Angriff

Bei Gefahr warnen Kaninchen ihre Artgenossen, indem sie mit den Hinterläufen mehrfach kurz auf den Boden klopfen. Auf dieses Signal hin verschwinden Wildkaninchen normalerweise blitzschnell in ihren Bau. Jedoch in einer aussichtslosen Situation greift das Kaninchen an, indem es schnell nach vorne springt und versucht, seinen Gegner durch Stöße mit dem Kopf zu vertreiben.

Tip!
Zwergkaninchens liebste Kraulstelle: hinter und zwischen den Ohren. Anders als in Fellrichtung gestreichelt zu werden geht ihnen übrigens buchstäblich „gegen den Strich".

Kaninchensprache

Kaninchen sind von Natur aus eher ruhige und stille Tiere. Sie erkennen ihre jeweilige Stimmungslage eher an ihrem Verhalten und an ihrer Mimik, als an den Geräuschen, die sie von sich geben.

Die Hand lecken bedeutet:
„Ich mag Dich!"

Wenn Kaninchen Schmerzen haben, so können sie dies auf recht unterschiedliche Weise zeigen; zum einen können sie kurze, helle Schreie ausstoßen (Klagen), zum anderen ist es aber auch möglich, daß sie ganz ruhig in einer Ecke sitzen und mit den Zähnen knirschen.

Jungtiere dagegen, die Hunger haben oder frieren, geben eher ein leises Fiepen von sich. Bei Unzufriedenheit drücken Kaninchen dies durch das sogenannte Murksen aus, dies sind kurz hintereinander ausgestoßene Meckertöne, mit denen sie gegen etwas, was ihnen nicht gefällt, protestieren.

Häufig kommt es zu derartigen Lautäußerungen, wenn man das Kaninchen gegen seinen Willen auf den Arm nimmt oder es beim Fressen stört. In einem solchen Fall sollten Sie die Stimmungslage des Tieres akzeptieren und es in Ruhe lassen, bis es Ihnen durch sein geändertes Verhalten signalisiert, daß es wieder das Bedürfnis nach Kontakt oder Streicheleinheiten hat.

Wenn sich Kaninchen sehr stark gestört oder gar bedroht fühlen, können sie auch Knurr- und Fauchlaute von sich geben. Oft werden solche Geräusche unmit-

Beim Schlafen möchten Zwerg-
kaninchen ihre Ruhe haben.

telbar vor einem Angriff als letzte Warnung abgegeben. Gleichzeitig geben sie bedrohlich klingende, zischende Laute von sich.

In Extremsituationen, in denen Kaninchen Todesangst haben, geben sie ein sehr helles kreischendes Geräusch von sich. Dies kommt beispielsweise dann vor, wenn sie von einem Hund gegriffen werden.

Sinnesleistungen

Um sein Kaninchen richtig verstehen zu können, ist es sehr wichtig, zu wissen, wie die einzelnen Sinnesorgane beim Kaninchen ausgebildet sind.

Hören

Kaninchen verfügen über ein ausgezeichnetes Hörvermögen, dies liegt unter anderem auch an ihren trichterförmigen Ohrmuscheln. Sie sind sogar in der Lage, ihre Ohrmuscheln unabhängig voneinander zu drehen, so daß sich ein Hörfeld von 360 Grad ergibt. Lediglich Widderkaninchen, die ja herunterhängende Ohren besitzen, haben ein etwas schlechteres Hörvermögen.

Wenn Sie sich mit Ihrem Zwerg beschäftigen, wissen Sie bald was er Ihnen zu sagen hat.

Wichtig!

Wie ihre Vorfahren sind Zwergkaninchen Fluchttiere. Plötzliche, hektische Bewegungen, womöglich von oben, erschrecken sie sehr. Sprechen Sie immer mit Ihrem Zwerg, bevor Sie ihn anfassen.

Das gute Hörvermögen der Kaninchen ermöglicht ihnen auch, unterschiedliche Stimmen und Geräusche voneinander zu unterscheiden. So wird Ihr Zwerg Sie sehr bald schon an der Stimme erkennen. Auf der anderen Seite müssen Sie auch berücksichtigen, daß laute Geräusche ein Kaninchen sehr stark erschrecken können. Deshalb sollte man laute Musik oder das geräuschvolle Schließen von Türen auf jeden Fall vermeiden (siehe Seite 23).

Sehen

Durch die großen seitlich am Kopf sitzenden Augen haben Kaninchen ein relativ großes Gesichtsfeld. Dieses ermöglicht ihnen, in der freien Natur auch Feinde rechtzeitig zu erkennen und zu fliehen. Während Kaninchen auf kurze Entfernungen nicht sehr gut sehen können, ist das Weitsehen besser ausgebildet. In der Dämmerung haben Kaninchen ein gutes Sehvermögen, dafür haben sie bei sehr starkem Sonnenlicht Probleme, da sie ihre Pupillen nicht wie andere Säugetiere verengen können. Dies sollte man auch bei der Standortwahl des Käfigs berücksichtigen.

Riechen

Die Nase des Kaninchens ist mit 100 Millionen Riechzellen ausgestattet. Aufgrund dieser Tatsache und den noch beweglichen Nasenflügeln weisen Kaninchen ein sehr gutes Riechvermögen auf. Dieses ermöglicht es ihnen, Artgenossen

Mit der Nase wird erst einmal alles untersucht.

am Geruch oder anhand von Markierungen voneinander zu unterscheiden. Der Geruchssinn ist bei Kaninchen vor allem für die Reviermarkierung sehr wichtig. So verfügen Kaninchen über spezielle Duftdrüsen, mit denen sie ihr Revier markieren. Wenn Ihr Zwerg sich beispielsweise an einem Möbelstück reibt, markiert er mit den Duftstoffen aus den Kinndrüsen sein Revier. Da Ihr Zwergkaninchen einen so gut entwickelten Geruchssinn hat, reagiert es äußerst empfindlich auf scharfe Renigungsmittel, starkes Parfüm, Zigarettenrauch und ähnliches (siehe Seite 23).

Tasten

Kaninchen besitzen seitlich an Mund und Nase Schnurrhaare. Diese helfen dem Kaninchen bei der Orientierung im Dunkeln. Da die Schnurrhaare genau so lang sind wie der Körper des Kaninchens breit ist, stellen sie für das Tier auch eine Hilfe dar abzuschätzen, ob sie in einen Bau hineinpassen oder nicht. Aus diesem Grund darf man die Schnurrhaare eines Kaninchens auch nicht kürzen. Auch über die Haut nehmen Zwergkaninchen Tastreize auf: Sie kuscheln sich gerne aneinander und genießen den Körperkontakt.

Schmecken

Kaninchen sind in der Lage, süß, sauer, bitter und salzig zu unterscheiden. Im Gegensatz zu anderen Tieren sind sie für die Geschmacksrichtung bitter aber relativ unempfindlich, deshalb essen sie zum Beispiel gerne Löwenzahn.

Auch beim Widder dienen die Ohren nicht nur dem Hören, sondern auch der Temperaturregulierung, indem über sie überschüssige Wärme abgegeben wird.

Zwergen-Spiele

Ein Kaninchen, das sich langweilt, stellt oft Dinge an, die es lieber lassen sollte, z.B. beim Freilauf Kabel anzunagen. Ungezogene Zwerge sind meist nur gelangweilte Zwerge! Neben einer guten Käfigausstattung (siehe Seite 21) braucht Ihr Kaninchen daher regelmäßig Auslauf und Beschäftigung. Im Zimmer können Sie ihm einen Abenteuerspielplatz mit stabilen Kartons, Häuschen, Zweigen, großen Papp-, Tonröhren etc. anlegen, im Gartenauslauf mit einem ausgehöhlten Baumstamm, Zweigen, Röhren, einer Sandkiste usw. Abwechslung bieten. Verwenden Sie keine scharfen Kanten und keine gefährlichen Materialien (giftige Farben, Kleinteile aus Kunststoff, Gummi usw.).

Hier können sich Ihre Zwerge stundenlang beschäftigen: Hochspringen, Darüberhüpfen, Durchschlüpfen, Anknabbern...

Jedes Tier hat seine eigenen Vorlieben, und es kann schon vergnüglich sein, diese herauszufinden. Durch sein Verhalten beim Auslauf teilt Ihr Zwerg Ihnen mit, mit was er sich gerne beschäftigt, etwa wenn er sich viel versteckt (ohne auf der Flucht zu sein), oft auf erhöhte Plätze springt, überall graben will oder Gegenstände umherzieht. Im einzelnen gibt es genügend Möglichkeiten, auf diese Neigungen einzugehen, Sie müssen aber darauf achten, daß Ihr Kaninchen nichts aufnehmen kann, was ihm schadet und daß es, wenn es mit Papierteilen spielt, diese nicht frißt.

Lieblingsbeschäftigungen:

- **Verstecken:** Höhlen anbieten, z.B. Kartons mit Schlupflöchern, Häuschen

- **Graben:** Einen Tunnel aus fester Pappe oder Holz bauen, es reicht, wenn dieser einen mit z.B. alten Teppichfliesen oder Grasmatten belegten Boden, hohe Seiten und evtl. ein geschlossenes Ende hat. Viele Kaninchen lieben es, in so einem „Gang" zu buddeln. Oder Sie füllen in eine Kiste oder einen Weidenkorb Papierschnitzel, Küchenpapier, Stroh u.ä. – da macht das Wühlen Spaß, und nach getaner Arbeit legt sich so mancher Zwerg in sein selbstgemachtes „Nest".

- **Bauen:** Es gibt Kaninchen, die gerne Gegenstände (z.B. Kissen) umherziehen. Solch einem können Sie etwa ein altes Handtuch zum Spielen geben.

- **Nagen:** Zweige (siehe Seite 37), die Ihr Kaninchen auch fressen darf, sollten beim Auslauf nie fehlen. Ein zerstörungswütiger Zwerg darf auch schon mal ein altes Telefonbuch zerfleddern, sofern er das Papier nicht frißt.

- **Klettern, erhöhte Plätze aufsuchen:** Stabile Kartons, Ziegelsteine aufeinander stellen, evtl. Rampen anbauen. Sogar Katzenbäume mögen manche Kaninchen.

- **Werfen:** Vom Zwerg bis zum Riesen werfen die meisten Kaninchen gerne mit Zweigen, Holzklötzen etc. „Ausnahmen" spielen sogar Ball (Achtung, daß keine Teile verschluckt werden!).

- **Rennen und Springen:** Ein leerer Fußboden gefällt keinem Kaninchen, auch wenn es noch so gerne rennt (siehe Seite 24). Zum Springen bieten sich Hindernisse aus Holzklötzen oder Ziegeln oder auch selbstgebaute Holzhürden an, die Sie am besten anfangs mit einer Seite an die Wand stellen. Locken Sie Ihren Zwerg mit einem Leckerbissen darüber, und loben Sie ihn, wenn er springt. Die Höhe sollte, obwohl Kaninchen überraschend hohe Hürden überwinden können, ihre Körpergröße nicht überschreiten.

„Buddeln gehört zu meinen Lieblingsbeschäftigungen, ich könnte stundenlang herumwühlen. Für ein Stückchen Möhre komme ich aber vielleicht sogar zu Dir heraus!"

Was können Kaninchen sonst noch lernen?

Kaninchen reagieren auf Ihre Stimme und können lernen, z.B. auf Ruf herzukommen, in den Käfig zu gehen oder Männchen zu machen (letzteres gehört sowieso zu ihrem natürlichen Verhalten, wenn sie sich nach Futter strecken oder die Umgebung sichern). In jedem Fall müssen Sie Schritt für Schritt und mit Geduld vorgehen und nicht vergessen, den Zwerg zu loben und evtl. mit einem Leckerbissen zu belohnen.

Was für Spiele auch immer Ihrem Kaninchen am meisten liegen, denken Sie daran, zuerst sein Vertrauen zu gewinnen und es zu beobachten – Ihr Zwerg kann Ihnen selbst am besten sagen, was ihm gefällt! Wenn Sie dann noch darauf achten, daß ihm beim Freilauf und Spiel nichts passieren kann, werden Sie viel Freude mit Ihrem munteren Hausgenossen haben.

Komm, spiel mit mir!

Forum für Zwergkaninchen

Literatur

K. Gabrisch/P. Zwart: Krankheiten der Heimtiere, Schlütersche Verlagsanstalt, Hannover 1997.

Christopher Day: Homöopathischer Ratgeber Heimtiere, BLV Verlagsgesellschaft, München 1992.

Peter Beck: Liebenswerte Zwergkaninchen, Franckh-Kosmos, Stuttgart 1995.

Michael Mettler: Zwergkaninchen. Auswahl, Pflege, Ernährung, Falken Verlag, Niedernhausen/Ts. 1997.

Wegler, Monika: Mein Heimtier. Das Zwergkaninchen, Gräfe und Unzer Verlag, München 1996.

Adressen

Weitere Informationen erhalten Sie über:

- ZDK – Zentralverband Deutscher Kaninchen-züchter e.V., Krefelder Str. 130, D-41063 Mönchengladbach.
- RÖK – Rassezuchtverband Österreichischer Kleintier-züchter, Geschäftsstelle: Dr. Lueger-Ring 14/2, A-1010 Wien.
- Schweizerischer Rassekaninchenzucht-Verband, Weißenbühlweg 43, CH-3007 Bern.
- Zentralverband Zoologischer Fachbetriebe Deutschland e.V. (ZZF), Rheinstr. 35, 63225 Langen.
- Deutscher Tierschutzbund e.V., Baumschulallee 15, 53115 Bonn (hier erhalten Sie die Adresse eines Tierheims in Ihrer Nähe).

Die Fotografin und der Verlag danken Sabine Fehling, Dillenburg-Donsbach, Tina Pauli, Herbstein sowie Martina San Juan, Wölfersheim, da sie freundlicherweise ihre Tiere als „Modelle" zur Verfügung gestellt haben.

Besonders dankt der Verlag Dr. Beate Ralston für ihre ideenreiche Unterstützung.

Impressum

Es ist nicht gestattet, Abbildungen dieses Buches zu scannen, in PCs oder auf CDs zu speichern oder in PCs/Computern zu verändern oder einzeln oder zusammen mit anderen Bildvorlagen zu manipulieren, es sei denn mit schriftlicher Genehmigung des Verlages.

Die Deutsche Bibliothek – CIP-Einheitsaufnahme

Zwergkaninchen: Erprobter Menü- und Pflegeplan; Stall zum Selberbauen; Lernspiel zum Herausnehmen / Achim Meyer-Breckwoldt/Beate Ralston. (Ill.: Manfred Lindner). – Augsburg : Naturbuch-Verl., 1998
ISBN 3-89440-320-9

Naturbuch Verlag
© 1998 Weltbild Verlag GmbH, Augsburg
Alle Rechte vorbehalten
Fotos: Christine Steimer, Wölfersheim, außer: S. 5, Juniors
Illustrationen: Manfred Lindner
Lektorat: Sibylle Kolb, Naturbuch Verlag
Layout und Satz: Uhl & Massopust, Aalen, nach einem Entwurf von Cosmas Fette, Offendorf, gesetzt aus der Stone Informal 9/13 Punkt
Reproduktion: Uhl & Massopust, Aalen
Umschlaggestaltung: Zentralbüro für Gestaltung, Augsburg
Druck und Bindung: Offizin Andersen Nexö, Leipzig
Gedruckt auf umweltfreundlich chlorfrei gebleichtem Papier
Printed in Germany

ISBN 3-89440-320-9

Register

Zwergkaninchenspiel

Taktisches Würfel- und Lern-Spiel
für 2–4 Spieler ab 7 Jahren
Spielidee: Ingo Faustmann, Ravensburg
Fragen und Antworten: Beate Ralston

SPIELZIEL ... ist es, bei Spielende die meisten Punkte zu haben!

SPIELVORBEREITUNG Zunächst trennt Ihr den Spielplan vorsichtig aus dem Buch heraus. Nun braucht Ihr noch Spielmaterial, das Ihr aus einem anderen Spiel herausnehmen könnt: einen Würfel mit den Zahlen von 1 bis 6, eine Spielfigur für jeden Mitspieler, 12 Chips (oder Münzen), ein Blatt Papier und einen Stift.

Neben den *Lauffeldern,* auf denen Ihr Eure Spielfigur bewegt, gibt es 15 *große Zwergkaninchenfelder* mit bunten Abbildungen. Davon sind *12 Fragefelder* (auf denen Ihr Euer Wissen testen könnt) und *3 Chancenfelder,* auf denen Ihr mit Glück zusätzlich Punkte machen könnt. Legt auf die 12 Fragefelder jeweils einen Chip – am besten so, daß der Text nicht abgedeckt wird.

JETZT GEHT'S LOS! Jeder sucht sich eine Spielfigur aus und stellt sie auf das farbgleiche Startfeld. Wählt einen Startspieler aus und gebt diesem Spieler den Würfel. Danach geht es dann immer im Uhrzeigersinn weiter. Der Startspieler notiert zusätzlich Eure Punkte und bekommt deshalb Papier und Stift. Wer an der Reihe ist, würfelt und bewegt dann seine Spielfigur genau um die gewürfelte Augenzahl weiter. Man kann in jede beliebige Richtung gehen. Jedes Feld zählt einen Würfelpunkt. Endet Euer Spielzug auf einem Feld, wo ein Mitspieler steht, habt Ihr Pech. In diesem Fall müßt Ihr in eine andere als die gewünschte Richtung ziehen.

DIE 15 ZWERGKANINCHENFELDER Wer seinen Zug auf einem ➡-Feld beendet, kann jetzt vielleicht einen Punkt machen. Der Pfeil zeigt dabei auf das Zwergkaninchenfeld, um das es

jetzt geht. Ist es ein *Fragefeld,* dann liest Dein linker Nachbar jetzt die Frage vor und Du mußt die richtige Antwort geben. Diese ist unter der Nummer des Feldes auf der folgenden Seite abgedruckt. Stimmt die Antwort, wird Dir ein Punkt gutgeschrieben und der Chip abgeräumt, ansonsten hast Du Pech und beendest den Zug ohne Punktgewinn. Das Spiel endet, wenn der letzte der 12 Chips abgeräumt ist und damit alle Fragen einmal gestellt und beantwortet wurden. Ist es ein *Chancenfeld,* so kannst Du Glück haben, einen Punkt einfach so zu bekommen: Wenn Du jetzt eine der Zahlen würfelst, die auf dem Feld abgedruckt sind, dann erhältst Du einen Punkt, ohne daß Du etwas dafür tun mußt.

WICHTIG Auf den Chancenfeldern kann jeder, wenn er darauf kommt, immer wieder sein Glück versuchen. Der Startspieler, der für Euch die Punkte aufschreibt, muß aber wegen der Endabrechnung darauf achten, daß er für jeden Mitspieler die Punkte aus den Fragefeldern und aus den Chancenfeldern extra notiert!

DIE ABRECHNUNG Jetzt wird's spannend:
• Jeder Punkt aufgrund einer richtig beantworteten Frage eines Fragefeldes zählt ganz normal.
• Jeder Punkt aufgrund eines richtigen Tips auf einem Chancenfeld zählt auch als ein Punkt – mit der einzigen Ausnahme, daß man auf diese Weise *nicht mehr Punkte* zusätzlich machen kann als mit richtig beantworteten Fragen.
Ein Beispiel: Evi hat bei Spielende 3 Punkte aus den Fragefeldern und 4 Punkte aus den Chancenfeldern. Das ergibt, daß man bei Spielende nicht mehr Punkte für die Chancen dazuzählen darf als man Fragen richtig beantwortet hat: 3 Punkte (Fragefelder) + 3 Punkte (Chancenfelder – ein Punkt verfällt) = 6 Punkte insgesamt.

SIEGER IST, WER DIE MEISTEN PUNKTE HAT. VIEL SPASS!

Antworten zum Zwergkaninchenspiel

1. Zwergkaninchen-Kauf Zwergkaninchen kannst Du aus dem *Tierheim* oder vom *Tiermarkt* bekommen, außerdem aus *Zoofachgeschäften* und vom *Züchter.*

2. Ausstattung Einen großen *Käfig, Häuschen, Katzentoilette, Heuraufe, Futternapf* und *Nippeltränke; Einstreu, Heu, Fertig- und Saftfutter, Leckstein, Zweige* zum Nagen.

3. Haltung *Zwei junge Weibchen* oder ein *Pärchen* vertragen sich in der Regel gut. Zwei ältere Weibchen lassen sich schlechter aneinander gewöhnen, zwei Männchen bekämpfen sich nach Eintritt der Geschlechtsreife häufiger.

4. Familienzuwachs Sehr gut verträgt sich das Zwergkaninchen mit einem *Meerschweinchen. Vögel* sind dem Kaninchen *oft zu laut,* sollten also nicht in der Nähe des Stalles sein.

5. Nahrung *Speisereste* sind *nicht* für Kaninchen gedacht, ab und zu ein Stück gekochte Kartoffel (ohne Keime) oder ein paar gekochte Nudeln (ohne Gewürze oder Saucen) schaden nicht. *Wasser* ist *lebenswichtig,* auch wenn manche Kaninchen einmal tagelang nichts oder nur wenig trinken.

6. Hygiene *Verschmutzte Einstreu* muß *täglich* entfernt werden, ca. *alle drei Tage* sollte die Toilettenkiste ausgewaschen und *ganz neu eingestreut* werden.

7. Beschäftigung *Verstecken:* Höhlen anbieten/ *Graben:* Tunnel bauen, Kiste oder Korb mit Papierschnitzel, Stroh u.ä./ *Bauen:* altes Handtuch zum Spielen/ *Nagen:* Zweige/ *Klettern:* Stabile Kartons, Ziegelsteine/ *Werfen:* Zweige, Holzklötze etc./ *Rennen und Springen:* Abenteuerspielplatz, Hindernisse aus Holzklötzen oder Ziegeln oder selbstgebaute Holzhürden.

8. Verhalten Das *Klopfen auf den Boden* ist eine *Warnung* bei Gefahr. Beim *„Männchen machen"* verschafft sich das Kaninchen einen *besseren Überblick* über die Umgebung (wenn es oft einen Leckerbissen dafür bekommt, wird dieses Verhalten auch zur *Bettelgeste).*

9. Sinnesleistungen Kaninchen *sehen in der Dämmerung sehr gut.* Die *Tasthaare* sind eine *Orientierungshilfe* und zeigen dem Zwergkaninchen außerdem, ob es *durch ein Hindernis paßt.*

10. Alter Das Durchschnittsalter liegt bei *acht bis zehn Jahren,* manche Zwergkaninchen werden nur *fünf oder sechs,* andere sogar zwölf Jahre alt.

11. Bewegung *a)* Zwergkaninchen *können* bis über einen Meter *hoch springen* (Hindernisse beim Spiel sollten aber nicht über Körperhöhe gehen).

12. Arten

Hase	*Kaninchen*
Feldhase größer, bis 6 kg	Wildkaninchen bis 2 kg
lange Ohren/Beine	kürzere Ohren/Beine
oberirdisch	unterirdisch
in Bodenmulden	in Erdhöhlen
Steppe	Buschland, Waldrand
Langstreckenläufer	Sprinter
eher Einzelgänger	leben in Kolonien
Tragezeit 42 Tage	Tragezeit 30 Tage
2–4 Junge/Wurf	4–6 Junge/Wurf
Nestflüchter	Nesthocker